# MULTISENSORY GEMARA LEARNING

## Tefillas Hashachar Sample

*The Fast Track to Independent Learning*

## ברכות
# פרק תפלת השחר

Entire Perek Tefillas Hashachar

*Level 1*

Rabbi Dovid Benarroch
דוד שלו׳ בן הראש

Published by Kodesh Ability Tests (KATS)

Kodesh Ability TestS
Chumash & Gemara Tracking

ISBN 978-1-7394856-4-1

By Rabbi Dovid Benarroch
Published by Kodesh Ability Tests
**www.kodeshabilitytests.com**



Please assist future editions by emailing any comments and corrections to the author:
**kodeshabilitytests@gmail.com**



For bulk orders such as schools,
please email: kodeshabilitytests@gmail.com

## To boys in School & Yeshiva

Dear Talmid,

Thank you for using this Sefer. I hope you will gain tremendously from using it. The most important point is that you do as much Chazoro (revision) as you can with a chavrusa from a regular Gemara (line numbers match the Oz Vehader Gemara). Use this Sefer to help you if you get stuck.

It is not easy learning to become fluent in Gemara, but if you keep up the Chazoro fluency will eventually come and you will enjoy your learning.

Wishing you much הצלחה.
דוד בן הראש

---

## To Adults *(originally written as an introduction to the first volume)*

Dear Chaver (Friend),

Thank you for using this Sefer. You are probably relatively new to learning Gemara. It is not easy to become fluent and independent in learning Gemara. I can assure you though, that if you persevere through several levels (this Sefer is Level 2) you will achieve fluency. It is critical however, that you do not move on to a new Shiur within this Sefer until you are fully fluent with the Reading, Translation and Understanding (RTU) of that Shiur. This is the key to success in Gemara. Aim to do most Chazoro in a regular Gemoro, using this Sefer only as a backup. The line numbers are identical to the Oz Vehadar Gemara for your convenience.
I have kept the translation as simple as possible for the sake of young learners and always tried to find a translation that is transferable to another Gemara even if the resulting grammar is a little awkward. This Sefer also assumes that you have a Rebbe teaching you the Gemara, as the explanations have been kept to a bare minimum.

As you become fluent and independent in Gemara learning you will increasingly appreciate the saying from Chazal (Mesillas Yesharim) that שֶׁהָאָדָם לֹא נִבְרָא אֶלָּא לְהִתְעַנֵּג עַל ה׳, ***a person was only created to rejoice through Hashem.*** Real pleasure and lasting happiness is only through Hashem and learning His Torah.
I heard a novel way of reading this Chazal by inserting a comma and reading it as follows: שֶׁהָאָדָם לֹא נִבְרָא אֶלָּא לְהִתְעַנֵּג, ***a person was only created to rejoice*** and enjoy this world. Hashem wants us to love life, be happy and enjoy this world. However, it can only be achieved עַל ה׳, ***through Hashem***, and cannot be achieved through any other means.
Many people spend their life seeking true happiness by chasing the glitter and glamour of this world. They have unfortunately not learnt or internalised this saying of Chazal, and may in fact never achieve or experience true happiness and fulfilment in this world.

Perhaps consider saying this Chazal daily straight after בִּרְכַּת הַתּוֹרָה to remind us how fortunate we are to have the privilege to learn Hashem's Torah and how it elevates us to achieve our mission and fulfilment in this world!

A big thank you to my dear parents אבי מורי הרה"ג ר' יהודה שליט"א and אמי מורתי who have imbued in me a love of Torah and Yiddishkeit. May you have much nachas from all your children, grandchildren and great-grandchildren.

I would like to take this opportunity to thank my wife Chaya Simcha. She has stood by me, either in my time in Kollel or as a Rebbe, and cannot thank her enough. All the credit of any success is due to her dedication and commitment to Torah. May we continue to merit בָּנִים וּבְנֵי בָנִים עוֹסְקִים בַּתּוֹרָה.

It has taken many hundreds of hours to make this Sefer. I sincerely hope it helps you achieve its intention: to achieve independence in learning. I would love to hear of your success in learning, so please send me an email and photos of any Siyum you make! If this Sefer enables even one person to become fluent, independent and enjoy Gemara, and the ability to access our holy Sefarim, then all the toil would have been worth it.

In the merit of the holy Tannaim and Amoraim אֲשֶׁר מִפִּיהֶם אָנוּ חַיִּים, *according to whose mouths we live*, may we all know Your Name and learn Your Torah.

הַצְלָחָה רַבָּה

דוד שלו' בן הרא"ש
Manchester, UK
Tammuz 5783 (July 2023)

**Below is a Haskomo (approbation) from my Rebbe, Moron HaGaon Reb Avrohom Gurwicz שליט"א, Rosh Yeshiva Gateshead Yeshiva, England.**

בס"ד


ישיבת
בית יוסף
גייטסהעד

**Gateshead Talmudical College**

Rosh Hayeshiva
**Rabbi A. Gurwicz**

88 Windermere Street, Gateshead, Tyne & Wear NE8 1UB.
Telephone: (0191) 477 2616 Fax: (0191) 490 0480


הנה לפני הרה"ג ר' דוד שלום בן-פורת שליט"א ומכירו אותו, ספר שכתב אחרי
שנים רבות של למוד תוה"ק, מתוכם במשך תקופה בגייטסהעד ואח"כ בישיבת מיר
בירושלים עיה"ק ת"ו ובכולל [illegible] במנשסטר, ואחרי שנים רבות כמחנך ומגיד שיעור
בישיבות במנשסטר, וזה הספר, לתועלת [illegible] בלימוד גמרא ומפרשיו,
ועוד השתמשו בו תלמידים שונים של [illegible] גמרא מוסרות [illegible]
[illegible] בדרכו, ולכן הנני לעודדו ולברכו בספר לתועלת הרבים,
[illegible]
[illegible] גורביץ
[illegible] תשע"ג גייטסהעד

Secretary: S Guttentag esq.


Charity Commision No. 527414. Inland Revenue No. X57613A

TORAHUMESORAH
everyschool. everyteacher. everychild.

Torah Umesorah Publications
620 Foster Avenue, Brooklyn, New York,11230
Tel. 212-227-1000
Rabbi Shmuel Yaakov Klein, Director

בס"ד

י"א אלול, תשפ"ג
August 28, 2023

I have become acquainted with Rabbi Dovid Benarroch and with his trail-blazing work at assisting *talmidim* toward making progress in their study of *Gemara*, as well as at determining that progress as the *talmid* goes from level to level. I have found his resources to be both impressive and unique. In fact, they have gained much popularity among numerous elementary *yeshivos* worldwide.

More recently I have had the chance to peruse his new *sefer*, "***Multi-sensory Gemara Learning***" on the second *perek* of *Masechte Sukkah*, *Perek Hayashen*. The production of such a wonderful tool is a natural byproduct of Rabbi Benarroch's experience with analytical Gemara instruction. It is a step-by-step program guiding the learner through the text, with comprehensive series of vocabulary tests to ensure continued *hatzlochoh* in future Gemara study.

My best wishes are here expressed to Rabbi Benarroch regarding this and other such endeavors in the realm of *chinuch*. I have little doubt that use of this new book will provide a great *to'eles* for *Rebbeim* and *talmidim* alike, and I am most comfortable recommending it to *mosdos* everywhere.

***Rabbi Shmuel Yaakov Klein***

~שיעור א~

## מִשְׁנָה

| | | |
|---|---|---|
| 1a | תְּפִלַּת הַשַּׁחַר | The Davening (שַׁחֲרִית) |
| 1b | עַד חֲצוֹת | is until חֲצוֹת ( ) |
| 1c | רַבִּי יְהוּדָה אוֹמֵר עַד אַרְבַּע שָׁעוֹת | רַבִּי יְהוּדָה says: Until 4 [into the day]. |
| 2a | תְּפִלַּת הַמִּנְחָה | The Davening (מִנְחָה) |
| 2b | עַד הָעֶרֶב | is until the . |
| 3 | רַבִּי יְהוּדָה אוֹמֵר עַד פְּלַג הַמִּנְחָה | רַבִּי יְהוּדָה says: [it can only be said] פְּלַג הַמִּנְחָה. |
| 4a | תְּפִלַּת הָעֶרֶב | The Davening (מַעֲרִיב) |
| 4b | אֵין לָהּ קֶבַע | does not have a [time]. |
| 4c | וְשֶׁל מוּסָפִים כָּל הַיּוֹם | And of מוּסָף, [it can be said] the entire day. |
| 4d | רַבִּי יְהוּדָה אָמַר עַד שֶׁבַע שָׁעוֹת | רַבִּי יְהוּדָה says: [it can only be said] until 7 [into the day]. |

## גְּמָרָא

| | | |
|---|---|---|
| 5a | וּרְמִינְהוּ | But there is a [with the following Baraisa]: |
| 5b | מִצְוָתָהּ עִם הָנֵץ הַחַמָּה | Its Mitzvah [of קְרִיאַת שְׁמַע] is with (literally: the "spark of the sun")  |
| 5c | כְּדֵי שֶׁיִּסְמוֹךְ | in order that he |
| 5d | גְּאוּלָּה לִתְפִלָּה | [the brocho] of גְּאוּלָּה ( – בָּרוּךְ אַתָּה ה' גָּאַל יִשְׂרָאֵל) with the Amida. |
| 6a | וְנִמְצָא מִתְפַּלֵּל בַּיּוֹם | and it is [then] to be that he Davens during the day? (and NOT like our Mishna that allows one to Daven late into the day!) |

| | | |
|---|---|---|
| 6b | כִּי תַּנְיָא הַהִיא | When was Baraisa was learnt? |
| 6c | לְוָתִיקִין | For וָתִיקִין (the " " people), |
| 6d | דְּאָמַר רַבִּי יוֹחָנָן וָתִיקִין | for רַבִּי יוֹחָנָן said: The וָתִיקִין |
| 6e | הָיוּ גּוֹמְרִים אוֹתָהּ | would it (קְרִיאַת שְׁמַע) |
| 7a | עִם הָנֵץ הַחַמָּה | with . |
| 7b | וְכוּלֵּי עָלְמָא עַד חֲצוֹת | And everyone (else, may only Daven) until |
| 7c | וְתוּ לֹא | and no ? |
| 7d | וְהָאָמַר רַב מָרִי בְּרֵיהּ דְּרַב הוּנָא | But didn't רַב מָרִי the son of רַב הוּנָא |
| 8a | בְּרֵיהּ דְּרַבִּי יִרְמְיָה בַּר אַבָּא | [who was] the son of רַבִּי יִרְמְיָה בַּר אַבָּא |
| 8b | אָמַר רַבִּי יוֹחָנָן | say in the name of רַבִּי יוֹחָנָן : |
| 8c | טָעָה וְלֹא הִתְפַּלֵּל עַרְבִית | [If] he made a and did not Daven מַעֲרִיב , |
| 8d | מִתְפַּלֵּל בְּשַׁחֲרִית שְׁתַּיִם | he can Daven [the Amida] at שַׁחֲרִית , |
| 8e | שַׁחֲרִית | **[and if he didn't Daven] שַׁחֲרִית ,** |
| 9a | מִתְפַּלֵּל בְּמִנְחָה שְׁתַּיִם | **he can Daven [the Amida] at מִנְחָה?** (so we see that <u>he can</u> catch up even at מִנְחָה !) |
| 9b | כּוּלֵּי יוֹמָא | All |
| 9c | מְצַלֵּי וְאָזֵיל | he can continue . |
| 9d | עַד חֲצוֹת | [However] until |
| 9e | יָהֲבֵי לֵיהּ | he is |
| 9f | שְׂכַר תְּפִלָּה בִּזְמַנָּהּ | the of Davening in its [correct] time, |

Reminder: Please always do Chazoro in a regular Gemara – line numbers match the 'DAF'.

| | | |
|---|---|---|
| 9g | מִכָּאן וְאֵילָךְ | ______ |
| 9h | שְׂכַר תְּפִלָּה יָהֲבֵי לֵיהּ | the ______ of Davening is given to him, |
| 10a | שְׂכַר תְּפִלָּה בִּזְמַנָּהּ | [however] the reward of "**Davening in its** [correct] ______", |
| 10b | לֹא יָהֲבֵי לֵיהּ | is not ______ to him. |

רש״י

*Please cover up the left hand columns and practice the reading and translating of רש״י*

| | | | |
|---|---|---|---|
| 1 | וְכוּלֵי עָלְמָא . | And ______ (else, may only Daven until midday). | וכולי עלמא. |
| 2 | שְׁאָר הַמִּתְפַּלְּלִין הַמְּאַחֲרִין | The ______ Daveners that [Daven] later, | שאר המתפללין המאחרין |
| 3 | עַד חֲצוֹת יְכוֹלִין לְאַחֵר | [only] until midday are they able to ______ | עד חצות יכולין לאחר |
| 4 | וְתוּ לָא: | and not ______? | ותו לא: |

Have you understood???

| | |
|---|---|
| 1 | Until what time can one Daven שַׁחֲרִית to? ______ |
| 2 | Until what time can one Daven מִנְחָה to? ______ |
| 3 | When is the **best** time to Daven שַׁחֲרִית ? ______ |
| 4 | If one forgot to Daven מַעֲרִיב , what should he do? ______ |

| | | | | | |
|---|---|---|---|---|---|
| 1 | חֲצוֹת | | 2 | עַד | |
| 3 | עֶרֶב | | 4 | וּרְמִינְהוּ | |
| 5 | עִם | | 6 | קֶבַע | |
| 7 | נֵץ | | 8 | כוּלֵי עָלְמָא | |
| 9 | טָעָה | | 10 | שְׂכַר | |
| 11 | שאר | | 12 | תו | |

Now its up to you — To Revise and make sure you KNOW IT in the גמרא

~שיעור ב~

**וַיִּקְרָא אֱלֹקִים לָאוֹר יוֹם וְלַחֹשֶׁךְ קָרָא לָיְלָה וַיְהִי עֶרֶב וַיְהִי בֹקֶר יוֹם אֶחָד׃**

**מְעֻוָּת לֹא יוּכַל לִתְקֹן וְחֶסְרוֹן לֹא יוּכַל לְהִמָּנוֹת׃**

| | | |
|---|---|---|
| 10a | אִיבַּעְיָא לְהוּ | They ____ : |
| 10b | טָעָה וְלֹא הִתְפַּלֵּל מִנְחָה | [If] he made a ____ and did not Daven מִנְחָה , |
| 10c | מַהוּ שֶׁיִּתְפַּלֵּל עַרְבִית שְׁתַּיִם | ____ [the halocho] if he may Daven מַעֲרִיב twice? |

| | | |
|---|---|---|
| 11a | אִם תִּמְצָא לוֹמַר | If you ____ to say: |
| 11b | טָעָה וְלֹא הִתְפַּלֵּל עַרְבִית | [that if] *"he made a ____ and did not Daven מַעֲרִיב,* |
| 11c | מִתְפַּלֵּל שַׁחֲרִית שְׁתַּיִם | *he can Daven [the Amida] ____ at שַׁחֲרִית",* |

| | | |
|---|---|---|
| 11d | מִשּׁוּם דְּחַד יוֹמָא הוּא | [this is] ____ it is one [long] day, |
| 11e | דִּכְתִיב וַיְהִי עֶרֶב | as it is ____ [in the פָּסוּק]: **"And it was evening** |
| 12a | וַיְהִי בֹקֶר יוֹם אֶחָד | **and it was ____ [of the] first day"** |

| | | |
|---|---|---|
| 12b | אֲבָל הָכָא | but ____ (when forgetting מִנְחָה ), |
| 12c | תְּפִלָּה בִּמְקוֹם קָרְבָּן הִיא | [the] Davening is ____ of the קָרְבָּן , |
| 12d | וְכֵיוָן דְּעָבַר יוֹמוֹ | and ____ the day has passed (because it is now night time and therefore a new day), |
| 12e | בָּטֵל קָרְבָּנוֹ | the [day's] קָרְבָּן has been ____ . |

| | | |
|---|---|---|
| 12f | אוֹ דִּילְמָא | Or ____ , |
| 12g | כֵּיוָן דִּצְלוֹתָא | ____ Davening |

| | | |
|---|---|---|
| 13a | רַחֲמֵי הִיא | is [asking for] ____ |
| 13b | כָּל אֵימַת דְּבָעֵי | [then] whenever ____ |
| 13c | מְצַלֵּי וְאָזִיל | he can ____ Davening? |

| | | |
|---|---|---|
| 13d | תָּא שְׁמַע | Come and ____ : |
| 13e | דְּאָמַר רַב הוּנָא בַּר יְהוּדָה אָמַר רַבִּי יִצְחָק אָמַר רַבִּי יוֹחָנָן | for רַב הוּנָא בַּר יְהוּדָה said in the name of רַבִּי יִצְחָק, who said in the name of רַבִּי יוֹחָנָן : |
| 13f | טָעָה וְלֹא הִתְפַּלֵּל מִנְחָה | [If] he made a ____ and did not Daven מִנְחָה, |
| 14a | מִתְפַּלֵּל עַרְבִית שְׁתַּיִם | he may Daven מַעֲרִיב ____ , |
| 14b | וְאֵין בָּזֶה מִשּׁוּם | And there isn't in this [the problem] of: |
| 14c | דְּעָבַר יוֹמוֹ | *"[since] the day has ____ ,* |
| 14d | בָּטֵל קָרְבָּנוֹ | *the [day's] קָרְבָּן has been ____ ".* |

| | | |
|---|---|---|
| 14e | מֵיתִיבֵי מְעֻוָּת | They ____ :<br>[Something] **twisted** |
| 14f | לֹא יוּכַל לִתְקֹן | **is not able to be ____ [straight],** |
| 15a | וְחֶסְרוֹן | **and [something] ____** |
| 15b | לֹא יוּכַל לְהִמָּנוֹת | **is not able to be ____ .** |

| | | |
|---|---|---|
| 15c | מְעֻוָּת לֹא יוּכַל לִתְקֹן | **"[Something] twisted is not able to be ____ [straight]":** |
| 15d | זֶה שֶׁבִּטֵּל קְרִיאַת שְׁמַע שֶׁל עַרְבִית | This is one who ____ the קְרִיאַת שְׁמַע of מַעֲרִיב |
| 15e | וּקְרִיאַת שְׁמַע שֶׁל שַׁחֲרִית | or the קְרִיאַת שְׁמַע of שַׁחֲרִית, |
| 15f | אוֹ תְּפִלָּה שֶׁל עַרְבִית | or the ____ of מַעֲרִיב, |
| 16a | אוֹ תְּפִלָּה שֶׁל שַׁחֲרִית | or the ____ of שַׁחֲרִית, |

| | | |
|---|---|---|
| 16b | וְחֶסְרוֹן לֹא יוּכַל לְהִמָּנוֹת | "and [something] is not able to be counted": |
| 16c | זֶה שֶׁנִּמְנוּ חֲבֵירָיו | This is where his are counted |
| 16d | לִדְבַר מִצְוָה | for a מִצְוָה |
| 16e | וְלֹא נִמְנָה עִמָּהֶם | and he was not counted ! (so we see that one CANNOT "fix" a missed Davening?) |

| | | |
|---|---|---|
| 16f | אָמַר רַבִּי יִצְחָק אָמַר רַבִּי יוֹחָנָן | רַבִּי יִצְחָק said in the name of רַבִּי יוֹחָנָן : |
| 17a | הָכָא בְּמַאי עָסְקִינָן | we are dealing with [where one cannot "fix" a missed Davening], |
| 17b | שֶׁבִּטֵּל בְּמֵזִיד | where he abandoned it on . |

| | | |
|---|---|---|
| 17c | אָמַר רַב אַשִׁי דַּיְקָא נַמֵי | רַב אַשִׁי said: [we can] also this |
| 17d | דְּקָתָנֵי בִּטֵּל | as we "He abandoned", |
| 17e | וְלֹא קָתָנֵי טָעָה | and we did not learnt "He made a ", |
| 17f | שְׁמַע מִינָּה | [So] from this [a proof]! |

רש״י

*Please cover up the left hand columns and practice the reading and translating of רש״י*

| | | | |
|---|---|---|---|
| 1 | וְכֵיוָן דְּעָבַר יוֹמוֹ | And the day has passed, | וכיון דעבר יומו |
| 2 | בָּטֵל קָרְבָּנוֹ . | the [day's] קָרְבָּן has been . | בטל קרבנו. |
| 3 | וְאֵינוֹ מַקְרִיבוֹ | And he cannot | ואינו מקריבו |
| 4 | בְּיוֹם אַחֵר | on a day | ביום אחר |
| 5 | אִם זְמַנּוֹ קָבוּעַ | if its time is , | אם זמנו קבוע |
| 6 | כְּגוֹן | . | כגון |
| 7 | מוּסָפִים שֶׁל כָּל יוֹם וְיוֹם: | the מוּסָף [קָרְבָּן] of any [particular] day. | מוספים של כל יום ויום: |

Have you understood???

| | |
|---|---|
| 1 | The Gemara did not ask about: *"if he forgot to Daven מַעֲרִיב , may he Daven שַׁחֲרִית twice"* True / False |
| 2 | The Gemara did not ask about: *"if he forgot to Daven מִנְחָה , may he Daven מַעֲרִיב twice"* True / False |
| 3 | If one purposely missed שַׁחֲרִית , it can make it up at מִנְחָה True / False |
| 4 | The קָרְבָּן מוּסָף can be made up on a different day if it was missed. True / False |

| | | | | | |
|---|---|---|---|---|---|
| 1 | טָעָה | | 2 | מַהוּ | |
| 3 | מִשּׁוּם | | 4 | הָכָא | |
| 5 | דִּילְמָא | | 6 | אָזִיל | |
| 7 | מֵיתִיבֵי | | 8 | עִמָּהֶם | |
| 9 | דַּיְקָא | | 10 | שְׁמַע מִינָּה | |
| 11 | קָבוּעַ | | 12 | כגון | |

Now its up to you

To Revise and make sure you KNOW IT in the גמרא

---

~שיעור ג~

| | | |
|---|---|---|
| 1a | תָּנוּ רַבָּנָן | The רַבָּנָן ______ : |
| 1b | טָעָה | [If] he made a ______ |
| 1c | וְלֹא הִתְפַּלֵּל מִנְחָה בְּעֶרֶב שַׁבָּת | and did not ______ מִנְחָה on עֶרֶב שַׁבָּת (Friday afternoon), |
| 2a | מִתְפַּלֵּל בְּלֵיל שַׁבָּת שְׁתַּיִם | he can ______ [the Amida] twice on שַׁבָּת night. |

| | | |
|---|---|---|
| 2b | טָעָה וְלֹא הִתְפַּלֵּל מִנְחָה בְּשַׁבָּת | [If] he made a ______ and did not Daven שַׁבָּת מִנְחָה (Shabbos afternoon), |
| 3 | מִתְפַּלֵּל בְּמוֹצָאֵי שַׁבָּת | he can Daven on מוֹצָאֵי שַׁבָּת |
| 4a | שְׁתַּיִם שֶׁל חוֹל | two of the ______ [Amidas]. |

| | | |
|---|---|---|
| 4b | מַבְדִּיל בָּרִאשׁוֹנָה | He [says] הַבְדָּלָה (אַתָּה חוֹנַנְתָּנוּ) in the ______ [Amida], |

| | | |
|---|---|---|
| 4c | וְאֵינוֹ מַבְדִּיל בַּשְּׁנִיָּה | and does not [say] הַבְדָּלָה in the ______ [Amida]. |
| 5a | וְאִם הִבְדִּיל בַּשְּׁנִיָּה | And if he did [say] הַבְדָּלָה in the ______ [Amida], |
| 5b | וְלֹא הִבְדִּיל בָּרִאשׁוֹנָה | and did not [say] הַבְדָּלָה in the ______ [Amida], |
| 6a | שְׁנִיָּה עָלְתָה לוֹ | [then] the second [הַבְדָּלָה] ______ *(literally: goes up)* for him, |
| 6b | רִאשׁוֹנָה לֹא עָלְתָה לוֹ | [and] the first [הַבְדָּלָה] does not ______ for him! |
| 7a | לְמֵימְרָא דְּכֵיוָן | ______, that since |
| 7b | דְּלָא אַבְדִּיל בְּקַמַּיְיתָא | he did not [say] הַבְדָּלָה in the ______ [Amida], |
| 7c | כְּמַאן דְּלָא צַלֵּי דָּמֵי | ______ he did not Daven at all, |
| 8a | וּמַהְדְּרִינַן לֵיהּ | and we ______ him [to Daven another Amida]? |
| 8b | וּרְמִינְהוּ | [But we have a] ______: |
| 8c | טָעָה וְלֹא הִזְכִּיר | [If] he made a ______ and did not mention: |
| 9a | גְּבוּרוֹת גְּשָׁמִים | ❶ the ______ of Rain [מַשִּׁיב הָרוּחַ וּמוֹרִיד הַגֶּשֶׁם], |
| 9b | בִּתְחִיַּית הַמֵּתִים | in the בְּרָכָה of מְחַיֵּה הַמֵּתִים (who ______ the dead), |
| 10a | וּשְׁאֵלָה | ❷ and "______" (for rain) |
| 10b | בְּבִרְכַּת הַשָּׁנִים | in the בְּרָכָה of מְבָרֵךְ הַשָּׁנִים (who blesses the ______) |

| | | |
|---|---|---|
| 10c | מַחֲזִירִין אוֹתוֹ | we him (to the beginning of the Amida for forgetting either ❶ or ❷), |
| 11a | הַבְדָּלָה בְּחוֹנֵן הַדָּעַת | ❸ [but] הַבְדָּלָה (אַתָּה חוֹנַנְתָּנוּ) in the בְּרָכָה of חוֹנֵן הַדָּעַת (who gives ), |
| 11b | אֵין מַחֲזִירִין אוֹתוֹ | **we DO NOT him (to the beginning of the Amida),** |
| 11c | מִפְּנֵי שֶׁיָּכוֹל | because he is  |
| 12a | לְאוֹמְרָהּ עַל הַכּוֹס | to say it on the (of הַבְדָּלָה)? **(so we see he DOES NOT need to repeat the Amida for missing out הַבְדָּלָה !)** |
| 12a | קַשְׁיָא | This is a (and remains unresolved)! |
| 12b | אִיתְּמַר | It was : |
| 12c | רַבִּי יוֹסֵי בְּרַבִּי חֲנִינָא אָמַר | רַבִּי יוֹסֵי the son of רַבִּי חֲנִינָא said: |
| 13a | תְּפִלּוֹת | (three times a day) |
| 13b | אָבוֹת תִּקְנוּם | were by the אָבוֹת (Fathers). |
| 14a | רַבִּי יְהוֹשֻׁעַ בֶּן לֵוִי אָמַר | רַבִּי יְהוֹשֻׁעַ the son of לֵוִי said: |
| 14b | תְּפִלּוֹת | (three times a day) |
| 14c | כְּנֶגֶד תְּמִידִין תִּקְּנוּם | were fixed to the daily תָּמִיד [offering]. |
| 15a | תַּנְיָא כְּוָותֵיהּ דְּרַבִּי יוֹסֵי בְּרַבִּי חֲנִינָא | We learnt a Baraisa to רַבִּי יוֹסֵי the son of רַבִּי חֲנִינָא , |
| 16 | וְתַנְיָא כְּוָותֵיהּ דְּרַבִּי יְהוֹשֻׁעַ בֶּן לֵוִי | and we learnt a Baraisa to רַבִּי יְהוֹשֻׁעַ the son of לֵוִי . |

רש"י

*Please cover up the left hand columns and practice the reading and translating of רש"י*

| | | | |
|---|---|---|---|
| 1 | מבדיל בְּרִאשׁוֹנָה . | He [says] הַבְדָּלָה in the [Amida], | מבדיל בראשונה. |

| | | | |
|---|---|---|---|
| 2 | פַּעַם רִאשׁוֹנָה מִתְפַּלֵּל | The first ______ he Davens | פעם ראשונה מתפלל |
| 3 | בִּשְׁבִיל תְּפִלָּה שֶׁל עַכְשָׁיו | for the Tefilla of ______ (מוֹצָאֵי שַׁבָּת). | בשביל תפלה של עכשיו |
| 4 | לְפִיכָךְ | ______ | לפיכך |
| 5 | אוֹמֵר בָּהּ הַבְדָּלָה בְּחוֹנֵן הַדָּעַת | he says ______ הַבְדָּלָה at חוֹנֵן הַדָּעַת , | אומר בה הבדלה בחונן הדעת |
| 6 | וְהַשְּׁנִיָּה הִיא בִּשְׁבִיל | and the second (Amida) is ______ | והשניה היא בשביל |
| 7 | תַּשְׁלוּמֵי תְּפִלַּת שַׁבָּת | ______ the Shabbos [מִנְחָה] Tefilla, | תשלומי תפלת שבת |
| 8 | אֵינוֹ מַבְדִּיל בָּהּ: | he does not say הַבְדָּלָה ______. | אינו מבדיל בה: |

| | |
|---|---|
| 1 | If one forgot to Daven Mincha on Friday, what should he do? ______ |
| 2 | If one forgot to Daven Mincha on Shabbos afternoon, what should he do? ______ |
| 3 | What do the 3 daily tefillos correspond to? ______ |

| | | | | | |
|---|---|---|---|---|---|
| 1 | טָעָה | | 2 | חוֹל | |
| 3 | לְמֵימְרָא | | 4 | כֵּיוָן | |
| 5 | כְּמַאן | | 6 | וּרְמִינְהוּ | |
| 7 | מִפְּנֵי | | 8 | יָכוֹל | |
| 9 | אִיתְּמַר | | 10 | כְּוָותֵיהּ | |
| 11 | פעם | | 12 | עכשיו | |
| 13 | לפיכך | | 14 | בשביל | |

Words are from Shiur א - ג and can either be Across or Down. הצלחה

## WordSearch Puzzle

Seek and you shall find!

| | | | | | |
|---|---|---|---|---|---|
| 1 | | weekday | 2 | | (they) asked |
| 3 | | hours | 4 | | fixed |
| 5 | | mistake | 6 | | perhaps |
| 7 | | since | 8 | | similar |
| 9 | | infer | 10 | | with them |

| | | | | | | | | | |
|---|---|---|---|---|---|---|---|---|---|
| ר | ש | פ | כ | ג | ס | ז | ח | ח | ז |
| ד | ג | ם | ע | ד | ם | ה | מ | ע | ס |
| י | ע | ן | י | ש | ב | פ | ל | י | ב |
| ל | ו | ח | ח | מ | ה | ם | ך | ע | כ |
| מ | א | ו | ל | י | נ | ט | ק | כ | י |
| א | ק | י | ד | ת | ו | ע | ש | ג | ו |
| כ | ט | ט | ך | י | מ | ה | ר | ד | ן |
| ד | ק | א | ף | ב | צ | ן | א | ש | ה |
| מ | ב | ר | ה | י | ת | ו | ו | כ | נ |
| ט | ע | ק | ק | ץ | ת | ו | ט | צ | מ |

Now its up to you  To Revise and make sure you KNOW IT in the גמרא

~שיעור ד~

| | | |
|---|---|---|
| 16 | תַּנְיָא כְּוָותֵיהּ דְּרַבִּי יוֹסֵי בְּרַבִּי חֲנִינָא | We learnt a Baraisa  to רַבִּי יוֹסֵי the son of רַבִּי חֲנִינָא : |
| 17 | אַבְרָהָם תִּקֵּן תְּפִלַּת שַׁחֲרִית | The Tefillah of שַׁחֲרִית was  by אַבְרָהָם, |
| 18 | שֶׁנֶּאֱמַר וַיַּשְׁכֵּם אַבְרָהָם בַּבֹּקֶר | as it says [in the פָּסוּק]: And אַבְרָהָם  in the morning |
| 19a | אֶל הַמָּקוֹם | to the |
| 19 | אֲשֶׁר עָמַד שָׁם | where he had "". |
| 19b | וְאֵין עֲמִידָה אֶלָּא תְּפִלָּה | And עֲמִידָה [ ] only [means] Tefillah, |
| 20a | שֶׁנֶּאֱמַר וַיַּעֲמֹד פִּינְחָס וַיְפַלֵּל | as it says [in the פָּסוּק]: And פִּינְחָס "" and Davened. |

Reminder: Please always do Chazoro in a regular Gemara – line numbers match the 'DAF'.

| | | |
|---|---|---|
| 20b | יִצְחָק תִּקֵּן תְּפִלַּת מִנְחָה | The Tefillah of מִנְחָה was by יִצְחָק, |
| 21a | שֶׁנֶּאֱמַר וַיֵּצֵא יִצְחָק | as it says [in the פָּסוּק]: **And יִצְחָק** |
| 21b | לָשׂוּחַ בַּשָּׂדֶה | **to " " in the field** |
| 22a | לִפְנוֹת עָרֶב | **evening.** |
| 22b | וְאֵין שִׂיחָה אֶלָּא תְּפִלָּה | And שִׂיחָה [ ] only [means] Tefillah, |
| 23a | שֶׁנֶּאֱמַר תְּפִלָּה לְעָנִי | as it says [in the פָּסוּק]: **The Tefillah of a** **[person]**  |
| 23b | כִּי יַעֲטֹף | **when he ,** |
| 23c | וְלִפְנֵי ה' | **and Hashem,** |
| 24a | יִשְׁפֹּךְ שִׂיחוֹ | **he his "speech"** [in Davening]. |

| | | |
|---|---|---|
| 24b | יַעֲקֹב תִּקֵּן תְּפִלַּת עַרְבִית | The Tefillah of מַעֲרִיב was by יַעֲקֹב, |
| 24c | שֶׁנֶּאֱמַר וַיִּפְגַּע בַּמָּקוֹם | as it says [in the פָּסוּק]: **And he " " the place,** |
| 25a | וַיָּלֶן שָׁם | **and** [overnight] **there.** |
| 25b | וְאֵין פְּגִיעָה אֶלָּא תְּפִלָּה | And פְּגִיעָה [ ] only [means] Tefillah, |
| 26a | שֶׁנֶּאֱמַר וְאַתָּה אַל תִּתְפַּלֵּל | as it says [in the פָּסוּק]: **And you, do not Daven** |
| 26b | בְּעַד הָעָם הַזֶּה | **for the sake of this** |
| 27a | וְאַל תִּשָּׂא בַעֲדָם | **and do not for them** |
| 27b | רִנָּה וּתְפִלָּה | **רִנָּה and תְּפִלָּה** *(types of Davening)*, |
| 27c | וְאַל תִּפְגַּע בִּי | **and do not " " to me.** |

| | | |
|---|---|---|
| 28a | וְתַנְיָא כְּוָותֵיהּ דְּרַבִּי יְהוֹשֻׁעַ בֶּן לֵוִי | **And we learnt a Baraisa to רַבִּי יְהוֹשֻׁעַ the son of לֵוִי .** |

| | | |
|---|---|---|
| 28b | מִפְּנֵי מָה אָמְרוּ | of what, did they (חֲכָמִים) say: |
| 29a | תְּפִלַּת הַשַּׁחַר עַד חֲצוֹת | that the Tefillah of שַׁחֲרִית is [only] until חֲצוֹת [ ]? |
| 29b | שֶׁהֲרֵי תָּמִיד שֶׁל שַׁחַר | Because the תָּמִיד |
| 30a | קָרֵב וְהוֹלֵךְ עַד חֲצוֹת | [may be] all the way until חֲצוֹת , |
| 30b | וְרַבִּי יְהוּדָה אוֹמֵר עַד אַרְבַּע שָׁעוֹת | and רַבִּי יְהוּדָה says: until 4 [into the day], |
| 31 | שֶׁהֲרֵי תָּמִיד שֶׁל שַׁחַר | because the תָּמִיד |
| 32a | קָרֵב וְהוֹלֵךְ עַד אַרְבַּע שָׁעוֹת | [may be] all the way until 4 hours [into the day]. |
| 32b | וּמִפְּנֵי מָה אָמְרוּ | And of what, did they (חֲכָמִים) say: |
| 33a | תְּפִלַּת הַמִּנְחָה עַד הָעֶרֶב | that the Tefillah of מִנְחָה is the evening? |
| 33b | שֶׁהֲרֵי תָּמִיד שֶׁל בֵּין הָעַרְבַּיִם | Because the תָּמִיד |
| 33c | קָרֵב וְהוֹלֵךְ עַד הָעֶרֶב | [may be] all the way until the evening, |
| 34a | רַבִּי יְהוּדָה אוֹמֵר עַד פְּלַג הַמִּנְחָה | רַבִּי יְהוּדָה says: until פְּלַג הַמִּנְחָה [*literally:* *of Mincha*], |
| 34b | שֶׁהֲרֵי תָּמִיד שֶׁל בֵּין הָעַרְבַּיִם | because the תָּמִיד of the |
| 35a | קָרֵב וְהוֹלֵךְ עַד פְּלַג הַמִּנְחָה | [may be] all the way until פְּלַג הַמִּנְחָה , |
| 35b | וּמִפְּנֵי מָה אָמְרוּ | And of what, did they (חֲכָמִים) say: |

| | | |
|---|---|---|
| 35c | תְּפִלַּת הָעֶרֶב אֵין לָהּ קֶבַע | The Tefillah of מַעֲרִיב does not have a ____ [time]? |

| | | |
|---|---|---|
| 36a | שֶׁהֲרֵי אֵבָרִים וּפְדָרִים | Because the ____ and fats |
| 36b | שֶׁלֹּא נִתְעַכְּלוּ מִבָּעֶרֶב | that were not ____ [on the מִזְבֵּחַ] by the evening, |
| 36c | קְרֵבִים וְהוֹלְכִים כָּל הַלַּיְלָה | [may be] ____ all the way [through] the night. |

Have you understood???

| | |
|---|---|
| 1 | Which of the אָבוֹת fixed: **a)** שַׁחֲרִית , **b)** מִנְחָה , **c)** מַעֲרִיב? |
| 2 | According to רַבִּי יְהוּדָה , why is שַׁחֲרִית only until the 4th hour of the day? |
| 3 | Until what time can one Daven מַעֲרִיב? |

| | | | |
|---|---|---|---|
| 1 | כַּוָּותֵיהּ | 2 | שָׂדֶה |
| 3 | תִּקֵּן | 4 | מָקוֹם |
| 5 | עָמַד | 6 | וַיֵּצֵא |
| 7 | הָעָם | 8 | חֲצוֹת |
| 9 | קָרֵב | 10 | קֶבַע |

Now its up to you  To Revise and make sure you KNOW IT in the גמרא

---

~שיעור ה~

| | | |
|---|---|---|
| 37a | וּמִפְּנֵי מָה אָמְרוּ | And ____ of what, did they (חֲכָמִים) say: |
| 37b | שֶׁל מוּסָפִין כָּל הַיּוֹם | [that the Tefillah] of מוּסָף is ____ day? |

| | | |
|---|---|---|
| 37c | שֶׁהֲרֵי קָרְבַּן שֶׁל מוּסָפִין | ___ the קָרְבָּן מוּסָף |
| 37c | קָרֵב כָּל הַיּוֹם | [may be] ___ all day [long]. |
| 38a | רַבִּי יְהוּדָה אוֹמֵר עַד שֶׁבַע שָׁעוֹת | רַבִּי יְהוּדָה says: until 7 ___ [into the day], |
| 38b | שֶׁהֲרֵי קָרְבַּן מוּסָף | ___ the קָרְבָּן מוּסָף |
| 38c | קָרֵב וְהוֹלֵךְ עַד שֶׁבַע שָׁעוֹת | [may be] ___ all the way until 7 hours [into the day]. |
| 39a | וְאֵיזוֹ הִיא מִנְחָה גְּדוֹלָה | And what [time] is מִנְחָה גְּדוֹלָה (the ___ מִנְחָה)? |
| 39b | מִשֵּׁשׁ שָׁעוֹת וּמֶחֱצָה וּלְמַעְלָה | From 6½ hours [into the day] and ___. |

| 1 | 2 | 3 | 4 | 5 | 6 | 7 | 7 | 8 | 9 | 10 | 11 | 12 |
|---|---|---|---|---|---|---|---|---|---|---|---|---|
| Morning (6 + ½ hours) | | | | | | | מִנְחָה גְּדוֹלָה | | | | | |

| | | |
|---|---|---|
| 40a | וְאֵיזוֹ הִיא מִנְחָה קְטַנָּה | And what [time] is מִנְחָה קְטַנָּה (the ___ מִנְחָה)? |
| 40b | מִתֵּשַׁע שָׁעוֹת וּמֶחֱצָה וּלְמַעְלָה | From 9½ hours [into the day] and ___. |

| 1 | 2 | 3 | 4 | 5 | 6 | 7 | 7 | 8 | 9 | | 11 | 12 |
|---|---|---|---|---|---|---|---|---|---|---|---|---|
| Morning (6 + ½ hours) | | | | | | | מִנְחָה גְּדוֹלָה | | | מִנְחָה קְטַנָּה | | |

| | | |
|---|---|---|
| 40c | אִיבַּעְיָא לְהוּ רַבִּי יְהוּדָה | They ___: [According] to רַבִּי יְהוּדָה |
| 41a | פְּלַג מִנְחָה קַמָּא קָאָמַר | [did he] say **'HALF'** of the ___ Mincha (מִנְחָה גְּדוֹלָה)? |

| 1 | 2 | 3 | 4 | 5 | 6 | 7 | 7 | 8 | 9 | 10 | 11 | 12 |
|---|---|---|---|---|---|---|---|---|---|---|---|---|
| Morning (6 + ½ hours) | | | | | | | מִנְחָה גְּדוֹלָה = 5½ hours of day (2 x 2¾ hours) | | | | | |
| Morning (6 + ½ hours) | | | | | | | פְּלַג (6½+2¾)=9¼ | | | Night | | |

| | | |
|---|---|---|
| 41b | אוֹ פְּלַג מִנְחָה אַחֲרוֹנָה קָאָמַר | or [did] he say **'HALF'** of the ______ Mincha (מִנְחָה קְטַנָּה)? |

| 1 | 2 | 3 | 4 | 5 | 6 | 7 | 7 | 8 | 9 | | | 11 | 12 |
|---|---|---|---|---|---|---|---|---|---|---|---|---|---|
| Morning (6 + ½ hours) | | | | | | | מִנְחָה גְּדוֹלָה | | | | מִנְחָה קְטַנָּה = 2½ hours of day (2 x 1¼ hours) | | |
| 1 | 2 | 3 | 4 | 5 | 6 | 7 | פְּלַג (9½+1¼)=10¾ | | | | | Night | |

| | | |
|---|---|---|
| 41c | תָּא שְׁמַע | Come and ______ (a proof): |
| 42a | דְּתַנְיָא רַבִּי יְהוּדָה אוֹמֵר | It was ______ in a Baraisa: רַבִּי יְהוּדָה says |
| 42b | פְּלַג הַמִּנְחָה אַחֲרוֹנָה אָמְרוּ | They said "HALF of the ______ |
| 42c | וְהִיא אַחַת עֶשְׂרֵה שָׁעוֹת | And it is ______ hours |
| 42d | חָסֵר רְבִיעַ | ______ a quarter (10¾ hours into the day) . |
| 43a | נֵימָא | ______ |
| 43b | תֶּיהֱוֵי תְּיוּבְתֵּיהּ דְּרַבִּי יוֹסֵי בְּרַבִּי חֲנִינָא | that [this Baraisa] is a ______ of רַבִּי יוֹסֵי בְּרַבִּי חֲנִינָא (who said the reason is because of the אָבוֹת, and NOT because of the קָרְבָּנוֹת)? |
| 43c | אָמַר לָךְ רַבִּי יוֹסֵי בְּרַבִּי חֲנִינָא | רַבִּי יוֹסֵי בְּרַבִּי חֲנִינָא will say to ______ : |
| 44a | לְעוֹלָם אֵימָא לָךְ | ______, I say to you |
| 44b | תְּפִלּוֹת אָבוֹת תִּקְנוּם | that the תְּפִלּוֹת were ______ by the אָבוֹת, |
| 44c | וְאַסְמְכִינְהוּ רַבָּנָן אַקָּרְבָּנוֹת | and the רַבָּנָן ______ them upon the קָרְבָּנוֹת . |
| 44d | דְּאִי לָא תֵּימָא הָכִי | Because if you don't ______ this, |

| | | |
|---|---|---|
| 45a | תְּפִלַּת מוּסָף לְרַבִּי יוֹסֵי בְּרַבִּי חֲנִינָא | [then] the Tefillah of מוּסָף according to רַבִּי יוֹסֵי בְּרַבִּי חֲנִינָא |
| 45b | מַאן תַּקְנָהּ | ____ fixed it (as there were no corresponding אָבוֹת)? |

| | | |
|---|---|---|
| 45c | אֶלָּא תְּפִלּוֹת אָבוֹת תִּקְנוּם | ____, [you must say] the תְּפִלּוֹת were fixed by the אָבוֹת, |
| 46 | וְאַסְמְכִינְהוּ רַבָּנָן אַקָּרְבָּנוֹת | and the רַבָּנָן ____ them upon the קָרְבָּנוֹת . |

**רש"י**

*Please cover up the left hand columns and practice the reading and translating of רש"י*

| | | | |
|---|---|---|---|
| 1 | מִנְחָה קְטַנָּה . | **The ____ מִנְחָה .** | מנחה קטנה. |
| 2 | זְמַן תָּמִיד | The ____ of the [daily] תָּמִיד | זמן תמיד |
| 3 | שֶׁל בֵּין הָעַרְבַּיִם בְּכָל יוֹם | of the ____ each day [was] | של בין הערבים בכל יום |
| 4 | מִתֵּשַׁע שָׁעוֹת וּמֶחֱצָה וּלְמַעְלָה | from 9½ hours [into the day] and ____ | מתשע שעות ומחצה ולמעלה |
| 5 | כִּדְתְנַן בְּתָמִיד נִשְׁחָט | as we ____ [in the פֶּרֶק ] of תָּמִיד נִשְׁחָט : | כדתנן בתמיד נשחט |
| 6 | נִשְׁחָט בִּשְׁמוֹנָה וּמֶחֱצָה | [The תָּמִיד was] shechted at ____ hours, | נשחט בשמונה ומחצה |
| 7 | וְקָרֵב בְּתֵשַׁע וּמֶחֱצָה | and it was ____ at 9½ hours, | וקרב בתשע ומחצה |
| 8 | וְהָתָם מְפָרֵשׁ טַעְמָא : | and there the reason is ____. | והתם מפרש טעמא: |

Have you understood???

| | |
|---|---|
| 1 | According to the תַּנָּא קַמָּא the קָרְבָּן מוּסָף could be offered:<br>**a.** Only in the afternoon.<br>**b.** From the 7th hour onward.<br>**c.** Until the 7th hour.<br>**d.** All day long.<br>**e.** Until the 4th hour. |

| | |
|---|---|
| 2 | According to רַבִּי יְהוּדָה the קָרְבָּן מוּסָף could be offered:<br>**a.** Only in the afternoon.<br>**b.** From the 7th hour onward.<br>**c.** Until the 7th hour.<br>**d.** All day long.<br>**a.** Until the 4th hour. |
| 3 | The time for מִנְחָה גְדוֹלָה is :<br>**a.** 9½ hours into the day.<br>**b.** 7 hours into the day.<br>**c.** 6½ hours into the day<br>**d.** 9¼ hours into the day.<br>**e.** 10¾ hours into the day. |
| 4 | The time for מִנְחָה קְטַנָּה is :<br>**a.** 9¼ hours into the day.<br>**b.** 7 hours into the day.<br>**c.** 6½ hours into the day<br>**d.** 9½ hours into the day.<br>**e.** 10¾ hours into the day. |
| 5 | What are the <u>timings</u> of the תָּמִיד ?<br>______________________________<br>______________________________ |

| | | | |
|---|---|---|---|
| 1 | שֶׁהֲרֵי | 2 | שָׁעוֹת |
| 3 | וְאֵיזוֹ | 4 | וּלְמַעְלָה |
| 5 | אִיבַּעְיָא לְהוּ | 6 | אַחֲרוֹנָה |
| 7 | חָסֵר | 8 | נֵימָא |
| 9 | מַאן | 10 | אֶלָּא |
| 11 | זמן | 12 | מחלה |
| 13 | התס | 14 | מפרם |

Now its up to you — To Revise and make sure you KNOW IT in the גמרא

---

~שיעור ו~

| | | |
|---|---|---|
| 46 | רַבִּי יְהוּדָה אוֹמֵר עַד אַרְבַּע שָׁעוֹת: | **רַבִּי יְהוּדָה says: [שַׁחֲרִית is] until 4 [into the day].** |

| | | |
|---|---|---|
| 47a | אִיבַּעְיָא לְהוּ | They : |
| 47b | עַד וְעַד בִּכְלָל | [Does the word] **UNTIL** [mean]: *"until **and*** " [4 hours], |

| | | | | | | | | | | | |
|---|---|---|---|---|---|---|---|---|---|---|---|
| 1 | 2 | 3 | 4 | 5 | 6 | 7 | 8 | 9 | 10 | 11 | 12 |

| | | |
|---|---|---|
| 47c | אוֹ דִּילְמָא | or , |
| 47d | עַד וְלֹא עַד בִּכְלָל | **"UNTIL"** [means]: *"until **BUT NOT*** " |

| | | | | | | | | | | | |
|---|---|---|---|---|---|---|---|---|---|---|---|
| 1 | 2 | 3 | 4 | 5 | 6 | 7 | 8 | 9 | 10 | 11 | 12 |

| | | |
|---|---|---|
| 47e | תָּא שְׁמַע | Come and : |
| 48a | רַבִּי יְהוּדָה אוֹמֵר עַד פְּלַג הַמִּנְחָה | **רַבִּי יְהוּדָה says** (מִנְחָה can be said) **until פְּלַג הַמִּנְחָה .** |
| 48b | אִי אָמְרַת בִּשְׁלָמָא | It is if you say: |
| 48c | עַד וְלֹא עַד בִּכְלָל | **"UNTIL"** [means]: *"until* [פְּלַג הַמִּנְחָה] ***BUT NOT*** " |

| | | | | | | | | | | | | | |
|---|---|---|---|---|---|---|---|---|---|---|---|---|---|
| 1 | 2 | 3 | 4 | 5 | 6 | 7 | 7 | 8 | 9 | 10 | | | 12 |
| | | | | | | | מִנְחָה | | | | | | Night |

| | | |
|---|---|---|
| 49a | הַיְינוּ דְּאִיכָּא בֵּין רַבִּי יְהוּדָה לְרַבָּנַן | that is the difference רַבִּי יְהוּדָה and the רַבָּנַן , |

רַבִּי יְהוּדָה

| | | | | | | | | | | | | | |
|---|---|---|---|---|---|---|---|---|---|---|---|---|---|
| 1 | 2 | 3 | 4 | 5 | 6 | 7 | 7 | 8 | 9 | 10 | | | 12 |
| | | | | | | | מִנְחָה | | | | | | Night |

רַבָּנַן

| | | | | | | | | | | | | | |
|---|---|---|---|---|---|---|---|---|---|---|---|---|---|
| 1 | 2 | 3 | 4 | 5 | 6 | 7 | 7 | 8 | 9 | 10 | | | 12 |
| | | | | | | | מִנְחָה | | | | | | |

| | | |
|---|---|---|
| 49b | אֶלָּא אִי אָמְרַת | but if |
| 49c | עַד וְעַד בִּכְלָל | **"UNTIL"** [means]: *"until **AND*** " [פְּלַג הַמִּנְחָה], |

| | | |
|---|---|---|
| 49d | רַבִּי יְהוּדָה הַיְינוּ רַבָּנָן | [then] רַבִּי יְהוּדָה is the ___ as the רַבָּנָן ! |
| 1a | אֶלָּא מַאי | ___, what is the [Halocho]? |
| 1b | עַד וְלֹא עַד בִּכְלָל | "UNTIL" [means]: *"until **BUT NOT** ___".* |
| 2a | אֵימָא סֵיפָא | [If so], I will ask you from the ___ [part of the Mishna]: |
| 2b | וְשֶׁל מוּסָפִין כָּל הַיּוֹם | **And of מוּסָף, [it can be said] the ___ day.** |
| 2c | רַבִּי יְהוּדָה אוֹמֵר עַד שֶׁבַע שָׁעוֹת | **רַבִּי יְהוּדָה says: [it can only be said] until 7 ___ [of the day].** |
| 3 | וְתַנְיָא הָיוּ לְפָנָיו שְׁתֵּי תְּפִלּוֹת | And it was learnt in a Baraisa: If he had ___, two תְּפִלּוֹת [to Daven]: |
| 4 | אַחַת שֶׁל מוּסָף וְאַחַת שֶׁל מִנְחָה | One of מוּסָף, and one of מִנְחָה, |
| 5a | מִתְפַּלֵּל שֶׁל מִנְחָה | he should Daven [the one] of מִנְחָה [first], |
| 5b | וְאַחַר כָּךְ שֶׁל מוּסָף | and ___ [the one] of מוּסָף, |
| 5c | שֶׁזּוֹ תְּדִירָה | because this one (מִנְחָה) is ___, |
| 6a | וְזוֹ אֵינָהּ תְּדִירָה | and this one (מוּסָף) isn't ___. |
| 6b | רַבִּי יְהוּדָה אוֹמֵר מִתְפַּלֵּל שֶׁל מוּסָף | רַבִּי יְהוּדָה says: He should Daven [the one] of מוּסָף [first], |
| 7a | וְאַחַר כָּךְ שֶׁל מִנְחָה | and ___ [the one] of מִנְחָה, |
| 7b | שֶׁזּוֹ עוֹבֶרֶת | because this one (מוּסָף) ___ [the time to be said - the 7th hour], |
| 8a | וְזוֹ אֵינָהּ עוֹבֶרֶת | and this one (מִנְחָה) does not ___! |
| 8b | אִי אָמְרַתְּ בִּשְׁלָמָא | It is ___ if you say: |
| 9a | עַד וְעַד בִּכְלָל | "UNTIL" [means] *"until **AND** ___"* [the 7th hour] |

| | | |
|---|---|---|
| 9b | הַיְינוּ דְּמַשְׁכַּחַתְּ לְהוּ | that is where you |
| 10a | שְׁתֵּי תְּפִלּוֹת בַּהֲדֵי הֲדָדֵי | two תְּפִלּוֹת , |

| 1 | 2 | 3 | 4 | 5 | 6 | 7 | 7 | 8 | 9 | 10 | | | | 12 |
|---|---|---|---|---|---|---|---|---|---|---|---|---|---|---|
| | | | | | | | מִנְחָה | | | | | | | Night |

| 1 | 2 | 3 | 4 | 5 | 6 | 7 | 7 | 8 | 9 | 10 | 11 | 12 |
|---|---|---|---|---|---|---|---|---|---|---|---|---|
| מוּסָף | | | | | | | | | | | | |

| | | |
|---|---|---|
| 10b | אֶלָּא אִי אָמְרַתְּ | but if : |
| 10c | עַד וְלֹא עַד בִּכְלָל | "UNTIL" [means] *"until **BUT NOT*** ", |
| 11a | הֵיכִי מַשְׁכַּחַתְּ לְהוּ | can it be found |
| 11b | שְׁתֵּי תְּפִלּוֹת בַּהֲדֵי הֲדָדֵי | two תְּפִלּוֹת , |
| 12 | כֵּיוָן דְּאָתְיָא לָהּ שֶׁל מִנְחָה | since [when the time] of מִנְחָה (at 6½ hours), |
| 13a | אָזְלָא לָהּ שֶׁל מוּסָפִין | [the time] of מוּסָף has ? |

| 1 | 2 | 3 | 4 | 5 | 6 | 7 | 7 | 8 | 9 | 10 | | | | 12 |
|---|---|---|---|---|---|---|---|---|---|---|---|---|---|---|
| | | | | | | | מִנְחָה | | | | | | | Night |

| 1 | 2 | 3 | 4 | 5 | 6 | 7 | 8 | 9 | 10 | 11 | 12 |
|---|---|---|---|---|---|---|---|---|---|---|---|
| מוּסָף | | | | | | | | | | | |

| | | |
|---|---|---|
| 13b | אֶלָּא מַאי | , what is the [Halocho]? |
| 13c | עַד וְעַד בִּכְלָל | "UNTIL" [means] *"until **AND*** " |

| רש"י | | | |
|---|---|---|---|
| Please cover up the left hand columns and practice the reading and translating of רש"י | | | |
| 1 | שְׁתֵּי תְּפִלּוֹת בַּהֲדֵי הֲדָדֵי | **Two תְּפִלּוֹת** ______. | שתי תפלות בהדי הדדי. |
| 2 | חֲצִי הָאַחֲרוֹן | The ______ half | חצי האחרון |
| 3 | שֶׁל שָׁעָה שְׁבִיעִית | of the 7th ______ *(6½ hours)* | של שעה שביעית |
| 4 | הוּא זְמַן לִשְׁתֵּיהֶן | is the time of ______ (מִנְחָה and מוּסָף) | הוא זמן לשתיהן |

| | | | |
|---|---|---|---|
| 5 | דְּהָא אָמַר מִנְחָה גְּדוֹלָה | ______ he stated that מִנְחָה גְּדוֹלָה | דהא אמר מנחה גדולה |
| 6 | מִשֵּׁשׁ שָׁעוֹת וּמֶחֱצָה וּלְמַעְלָה: | is from 6½ hours and ______. | משש שעות ומחצה ולמעלה: |

Have you understood???

1 According to רַבִּי יְהוּדָה, [*for Davening מִנְחָה*] why must "**UNTIL**" mean: "until פְּלַג הַמִּנְחָה , **BUT NOT** INCLUDING IT"?

______________________________

______________________________

2 According to רַבִּי יְהוּדָה, [*for Davening מוּסָף*] why must "**UNTIL**" mean: "until the 7th hour, **AND** INCLUDING IT"?

______________________________

______________________________

| | | | |
|---|---|---|---|
| 1 | אִיבַּעְיָא לְהוּ | 2 | דִּילְמָא |
| 3 | בִּשְׁלָמָא | 4 | אִיכָּא |
| 5 | אֵימָא | 6 | סֵיפָא |
| 7 | אַחַר כָּךְ | 8 | תְּדִירָה |
| 9 | בַּהֲדֵי הֲדָדֵי | 10 | הֵיכִי |
| 11 | דהא | 12 | ולמעלה |

Words are from Shiur ו - ד and can either be Across or Down. הצלחה

| ACROSS | | | DOWN | | |
|---|---|---|---|---|---|
| 1 | | similar | 2 | | midday |
| 3 | | fixed | 4 | | fixed |
| 5 | | hours | 6 | | last |
| 7 | | minus | 8 | | Let us say |
| 9 | | perhaps | 10 | | fine |
| 11 | | afterwards | 12 | | together |

Now its up to you

To Revise and make sure you KNOW IT in the גמרא

---

~שיעור ז~

| | | |
|---|---|---|
| 14a | קַשְׁיָא רֵישָׁא | [If so] the ______ part of the Mishna is a question! |
| 14b | מַאי אִיכָּא בֵּין רַבִּי יְהוּדָה לְרַבָּנָן | What [difference] is there ______ רַבִּי יְהוּדָה the רַבָּנָן? |

| | | |
|---|---|---|
| 15a | מִי סָבְרַת | Do you ______ |
| 15b | דְּהַאי פְּלַג מִנְחָה | that ______ "Half of מִנְחָה" |
| 15c | פְּלַג אַחֲרוֹנָה קָאָמַר | is speaking about the ______ "Half", |

| Morning (6 + ½ hours) | | | | | | | מִנְחָה גְּדוֹלָה | | | | מִנְחָה קְטַנָּה = 2½ hours of day (2 x 1¼ hours) | | |
|---|---|---|---|---|---|---|---|---|---|---|---|---|---|
| 1 | 2 | 3 | 4 | 5 | 6 | 7 | 7 | 8 | 9 | 10 | 10 | | 12 |
| 1 | 2 | 3 | 4 | 5 | 6 | 7 | מִנְחָה | | | | פְּלַג רִאשׁוֹנָה | | פְּלַג אַחֲרוֹנָה |

| | | |
|---|---|---|
| 16a | פְּלַג רִאשׁוֹנָה קָאָמַר | it is speaking about the "Half" |

| Morning (6 + ½ hours) | | | | | | | מִנְחָה גְּדוֹלָה | | | | מִנְחָה קְטַנָּה = 2½ hours of day (2 x 1¼ hours) | | | | |
|---|---|---|---|---|---|---|---|---|---|---|---|---|---|---|---|
| 1 | 2 | 3 | 4 | 5 | 6 | 7 | 7 | 8 | 9 | 10 | 10 | | | | 12 |
| 1 | 2 | 3 | 4 | 5 | 6 | 7 | מִנְחָה | | | | פְּלַג רִאשׁוֹנָה | | | | פְּלַג אַחֲרוֹנָה |

| | | |
|---|---|---|
| 16b | וְהָכִי קָאָמַר | And is what it is saying: |
| 17a | אֵימָת | |
| 17b | נָפִיק פְּלַג רִאשׁוֹנָה | [does] the First Half [of מִנְחָה] " " *(i.e. depart)*, |
| 17c | וְעָיֵיל פְּלַג אַחֲרוֹנָה | and the Last Half " " *(i.e. arrive)*? |
| 18a | מִכִּי נָפְקֵי | From when it |
| 18b | אַחַת עֶשְׂרֵה שָׁעוֹת | 11 |
| 18c | חָסֵר רְבִיעַ | a quarter [of the day - 10¾ hours]. |

| | | |
|---|---|---|
| 18d | אָמַר רַב נַחְמָן אַף אֲנַן נַמֵי תְּנֵינָא | רַב נַחְמָן said: also learnt [this] in a Mishna: |

| | | |
|---|---|---|
| 19 | רַבִּי יְהוּדָה בֶּן בָּבָא הֵעִיד | רַבִּי יְהוּדָה בֶּן בָּבָא |
| 20a | חֲמִשָּׁה דְּבָרִים | [about] five : |
| 20b | שֶׁמְּמָאֲנִין אֶת הַקְּטַנָּה | ① [We encourage] a to do מֵאוּן (reject her מִדְּרַבָּנָן marriage). |
| 21a | וְשֶׁמַּשִּׂיאִין אֶת הָאִשָּׁה | ② And that we (בֵּית דִּין) can [allow] a woman to |
| 21b | עַל פִּי עֵד אֶחָד | according to the mouth (testimony) of one (that her husband died). |
| 22a | וְעַל תַּרְנְגוֹל | ③ And [about] a |
| 22b | שֶׁנִּסְקַל בִּירוּשָׁלַיִם | that was in יְרוּשָׁלַיִם |
| 22c | עַל שֶׁהָרַג אֶת הַנֶּפֶשׁ | for a person. |

| | | | |
|---|---|---|---|
| 23 | וְעַל יַיִן בֶּן אַרְבָּעִים יוֹם | ④ And [about] wine that is ______ days [old], |  |
| 24a | שֶׁנִּתְנַסֵּךְ עַל גַּבֵּי הַמִּזְבֵּחַ | that was ______ on to the מִזְבֵּחַ (is considered proper wine). | |

| | | |
|---|---|---|
| 24b | וְעַל תָּמִיד שֶׁל שַׁחַר | ⑤ And the ______ תָּמִיד |
| 25a | שֶׁקָּרֵב בְּאַרְבַּע שָׁעוֹת | [maybe] ______ **IN** the 4th hour. |

| | | |
|---|---|---|
| 25b | שְׁמַע מִינָהּ | [So] ______ from this [a proof]! |
| 25c | עַד וְעַד בִּכְלָל | "**UNTIL**" [means] *"until **AND** ______"* |
| 26a | שְׁמַע מִינָהּ | [So] ______ from this [a proof]! |

| | | |
|---|---|---|
| 26b | אָמַר רַב כַּהֲנָא הֲלָכָה כְּרַבִּי יְהוּדָה | רַב כַּהֲנָא said the Halocho is ______ רַבִּי יְהוּדָה (that until the 4th hour the קָרְבָּן תָּמִיד may be offered and שַׁחֲרִית may be said) |
| 27a | הוֹאִיל וּתְנַן בִּבְחִירְתָא | ______ it was learnt in the chosen Mishnayos (מַסֶּכֶת עֵדִיּוֹת) |
| 27b | כְּוָותֵיהּ | ______. |

**רש"י**

*Please cover up the left hand columns and practice the reading and translating of רש"י*

| | | | |
|---|---|---|---|
| 1 | בְּאַרְבַּע שָׁעוֹת . | **In the 4th ______.** | בארבע שעות. |
| 2 | וְתוּ לָא | And not ______, | ותו לא |
| 3 | אַלְמָא | ______ | אלמא |
| 4 | כְּרַבִּי יְהוּדָה סְבִירָא לֵיהּ | he ______ like רַבִּי יְהוּדָה | כרבי יהודה סבירא ליה |
| 5 | וְקָאָמַר בְּאַרְבַּע שָׁעוֹת | and he says IN the 4th ______, | וקאמר בארבע שעות |
| 6 | אַלְמָא לְרַבִּי יְהוּדָה | ______ according to רַבִּי יְהוּדָה | אלמא לרבי יהודה |
| 7 | עַד וְעַד בִּכְלָל: | "**UNTIL**" [means] *"until **AND** ______"* | עד ועד בכלל: |

Have you understood???

| | |
|---|---|
| 1 | When does **פְּלַג רִאשׁוֹנָה** begin , and when does it end?<br>________________________________________<br>________________________________________ |
| 2 | When does **פְּלַג אַחֲרוֹנָה** begin , and when does it end?<br>________________________________________<br>________________________________________ |
| 3 | How do we know the Halocho is like רַבִּי יְהוּדָה , [that until the 4th hour the קָרְבָּן תָּמִיד may be offered and שַׁחֲרִית may be said]?<br>________________________________________ |

| | | | | | |
|---|---|---|---|---|---|
| 1 | רֵישָׁא | | 2 | מַאי | |
| 3 | בֵּין | | 4 | הַאי | |
| 5 | אֵימַת | | 6 | חָסֵר | |
| 7 | הֵעִיד | | 8 | עַל גַּבֵּי | |
| 9 | הוֹאִיל | | 10 | כְּוָותֵיהּ | |
| 11 | ותו | | 12 | הלכתא | |

Now its up to you  To Revise and make sure you KNOW IT in the גמרא

---

~שיעור ח~

| |
|---|
| וַיִּלְקְטוּ אֹתוֹ בַּבֹּקֶר בַּבֹּקֶר אִישׁ כְּפִי אָכְלוֹ **וְחַם הַשֶּׁמֶשׁ וְנָמָס** : |
| וַיֵּרָא אֵלָיו ה' בְּאֵלֹנֵי מַמְרֵא וְהוּא יֹשֵׁב פֶּתַח-הָאֹהֶל **כְּחֹם הַיּוֹם** : |

| | | |
|---|---|---|
| 27 | וְעַל תָּמִיד שֶׁל שַׁחַר | **And the __________ תָּמִיד** |
| 28a | שֶׁקָּרֵב בְּאַרְבַּע שָׁעוֹת | **[maybe] __________ IN the 4th hour.** |

| | | |
|---|---|---|
| 28b | מַאן תַּנָּא לְהָא דְתְנַן | __________ is the תַּנָּא of this Baraisa *(lit. Mishna)*? |
| 28c | וְחַם הַשֶּׁמֶשׁ וְנָמָס | **"And when the sun was __________ , it melted"** |

| | | |
|---|---|---|
| 29a | בְּאַרְבַּע שָׁעוֹת | [meaning] at 4 ______ [into the day]. |
| 29b | אַתָּה אוֹמֵר בְּאַרְבַּע שָׁעוֹת | [Do] you say at 4 ______, |
| 29c | אוֹ אֵינוֹ אֶלָּא בְּשֵׁשׁ שָׁעוֹת | or is it not rather at 6 ______? |
| 30a | כְּשֶׁהוּא אוֹמֵר כְּחֹם הַיּוֹם | When it says: **“At the ______ of the day”,**  |
| 30b | הֲרֵי שֵׁשׁ שָׁעוֹת אָמוּר | [then] behold 6 hours is [already] ______. |
| 30c | הָא מָה אֲנִי מְקַיֵּים | So how can I ______: |
| 30d | וְחַם הַשֶּׁמֶשׁ וְנָמָס | **“And when the ______ was hot, it melted”** |
| 31a | בְּאַרְבַּע שָׁעוֹת | [it must mean] at 4 ______ [into the day]. |
| 31b | מַנִּי | ______ [is this תַּנָּא ?] |
| 31c | לֹא רַבִּי יְהוּדָה וְלֹא רַבָּנָן | It is not רַבִּי יְהוּדָה and not the רַבָּנָן ! |
| 31d | אִי רַבִּי יְהוּדָה עַד אַרְבַּע שָׁעוֹת | If it is רַבִּי יְהוּדָה , [then] ______ 4 hours |
| 32a | נַמֵּי צַפְרָא הוּא | is also [considered] the ______? |
| 32b | אִי רַבָּנָן עַד חֲצוֹת | If it is רַבִּי יְהוּדָה , [then] until ______ |
| 32c | נַמֵּי צַפְרָא הוּא | is also [considered] the ______? |

32a:

| 1 | 2 | 3 | 4 | 5 | 6 | 7 | 8 | 9 | 10 | 11 | 12 |
|---|---|---|---|---|---|---|---|---|---|---|---|
| **Morning** (the Baraisa) | | | **Afternoon** | | | | | | | | |
| **Morning** (רַבִּי יְהוּדָה) | | | | **Afternoon** | | | | | | | |

32c:

| 1 | 2 | 3 | 4 | 5 | 6 | 7 | 8 | 9 | 10 | 11 | 12 |
|---|---|---|---|---|---|---|---|---|---|---|---|
| **Morning** (the Baraisa ) | | | **Afternoon** | | | | | | | | |
| **Morning** (the רַבָּנָן) | | | | | | **Afternoon** | | | | | |

| | | |
|---|---|---|
| 32d | אִי בָּעֵית אֵימָא רַבִּי יְהוּדָה | ______, [you can] say it is רַבִּי יְהוּדָה |
| 33a | אִי בָּעֵית אֵימָא רַבָּנָן | ______, [you can] say it is the רַבָּנָן ... |

| | | |
|---|---|---|
| 33b | אִי בָּעֵית אֵימָא רַבָּנָן | ______, [you can] say it is the רַבָּנָן ... |
| 33c | אָמַר קְרָא בַּבֹּקֶר בַּבֹּקֶר | It says in the ______ : **"In the morning, in the morning"** [TWICE, to teach...] |
| 34a | חַלְקֵהוּ לִשְׁנֵי בְּקָרִים | ______ into two mornings. |

| 1 | 2 | 3 | 4 | 5 | 6 | 7 | 8 | 9 | 10 | 11 | 12 |
|---|---|---|---|---|---|---|---|---|---|---|---|
| **First morning** Gathering | | | **Second morning** Melting | | | **Afternoon** | | | | | |

| | | |
|---|---|---|
| 34b | וְאִי בָּעֵית אֵימָא רַבִּי יְהוּדָה | ______, [you can] say it is רַבִּי יְהוּדָה : |
| 34c | הַאי בֹּקֶר יַתִּירָא | This ______ [word] **"בֹּקֶר"** |
| 35a | לְהַקְדִּים לוֹ שָׁעָה אַחַת | is to bring it (the gathering time) ______ |
| 35b | שָׁעָה אַחַת | one ______. |

| 1 | 2 | 3 | 4 | 5 | 6 | 7 | 8 | 9 | 10 | 11 | 12 |
|---|---|---|---|---|---|---|---|---|---|---|---|
| **Gathering** | | | **Melt-ing** | **Afternoon** | | | | | | | |

| | | |
|---|---|---|
| 35c | דְּכוּלָּא עָלְמָא מִיהָא | ______ however [agrees that] |
| 35d | וְחַם הַשֶּׁמֶשׁ וְנָמָס | **"And when the sun was ______, it melted"** |
| 35e | בְּאַרְבַּע שָׁעוֹת | [means] at 4 ______ [into the day]. |

| | | |
|---|---|---|
| 36a | מַאי מַשְׁמַע | How is this ______? |

| | | |
|---|---|---|
| 36b | אָמַר רַבִּי אַחָא בַּר יַעֲקֹב אָמַר קְרָא | רַבִּי אַחָא בַּר יַעֲקֹב said: it says in the ______ |
| 36c | וְחַם הַשֶּׁמֶשׁ וְנָמָס | **"And when the ______ was hot, it melted"** |

| | | |
|---|---|---|
| 36d | אֵיזוֹ הִיא שָׁעָה | At what ______ is it |
| 37a | שֶׁהַשֶּׁמֶשׁ חַם | that the ______ is hot, |
| 37b | וְהַצֵּל צוֹנֵן | and the ______ is cold? |

| | | |
|---|---|---|
| 37c | הֲוֵי אוֹמֵר בְּאַרְבַּע שָׁעוֹת | [You must] ________ that this is at four hours. |

| | | | |
|---|---|---|---|
| | | **רש״י**<br>Please cover up the left hand columns and practice the reading and translating of רש״י | |
| 1 | לִשְׁנֵי בְּקָרִים. | **Into two** ________. | לשני בקרים. |
| 2 | שֶׁלֹּא הָיוּ לוֹקְטִים אֶלָּא | They would only ________ | שלא היו לוקטים אלא |
| 3 | בְּשָׁלֹשׁ שָׁעוֹת רִאשׁוֹנוֹת | at the ________ 3 hours [of the day] | בשלש שעות ראשונות |
| 4 | שֶׁהוּא בֹּקֶר רִאשׁוֹן: | which is the "________" morning. | שהוא בקר ראשון: |

Have you understood???

| | |
|---|---|
| 1 | What is the translation of the פָּסוּק of: **וְחַם הַשֶּׁמֶשׁ וְנָמָס** ?<br>________ |
| 2 | According to the Baraisa that brings this פָּסוּק, what time did the melting start?<br>________ |
| 3 | In the הֲוָה אֲמִינָא , why did the Gemara think this Baraisa **is not** the same as רַבִּי יְהוּדָה ?<br>________ |
| 4 | In the הֲוָה אֲמִינָא , why did the Gemara think this Baraisa is not the same as the רַבָּנָן ?<br>________ |
| 5 | In the מַסְקָנָא , how can this Baraisa be the same as the רַבִּי יְהוּדָה ?<br>________<br>________ |
| 6 | In the מַסְקָנָא , how can this Baraisa be the same as the רַבָּנָן ?<br>________<br>________ |

| | | | |
|---|---|---|---|
| 1 | מַאן | 2 | מְקַיֵּים |
| 3 | מַנִּי | 4 | חֲצוֹת |
| 5 | יַתִּירָא | 6 | לְהַקְדִּים |
| 7 | מַשְׁמַע | 8 | שָׁעָה |
| 9 | חַם | 10 | צוֹנֵן |
| 11 | ותו | 12 | הלכה |

Now its up to you  To Revise and make sure you KNOW IT in the גמרא

---

~שיעור ט~

| | | |
|---|---|---|
| 37a | תְּפִלַּת הַמִּנְחָה | **The __________ Davening** (מִנְחָה) |
| 38a | עַד הָעֶרֶב וְכוּ׳ | **is until the __________ etc.** (and רַבִּי יְהוּדָה says until פְּלַג הַמִּנְחָה). |
| 38b | אָמַר לֵיהּ רַב חִסְדָּא לְרַב יִצְחָק הָתָם | רַב חִסְדָּא said to רַב יִצְחָק : __________ (by the שַׁחֲרִית and קָרְבָּן תָּמִיד), |
| 38c | אָמַר רַב כַּהֲנָא הֲלָכָה כְּרַבִּי יְהוּדָה | רַב כַּהֲנָא said the Halocho is __________ רַבִּי יְהוּדָה (that it is until the 4th hour), |
| 39a | הוֹאִיל וּתְנַן בִּבְחִירָתָא | __________ it was learnt in the chosen [Mishnayos - מַסֶּכֶת עֵדִיּוֹת] |
| 39b | כְּוָותֵיהּ | __________. |
| 39c | הָכָא מַאי | [but] here (by מִנְחָה), __________ the Halocho **[like רַבִּי יְהוּדָה** - until פְּלַג הַמִּנְחָה, **or like the רַבָּנָן** - until Evening**]?** |
| 39d | אִישְׁתִּיק | He was __________ |
| 39e | וְלֹא אָמַר לֵיהּ וְלֹא מִידִּי | and did not say __________ to him! |
| 40a | אָמַר רַב חִסְדָּא נֶחֱזֵי אֲנַן | רַב חִסְדָּא said: __________ ... |
| 40b | מִדְּרַב מְצַלֵּי שֶׁל שַׁבָּת | Since רַב __________ [the Friday night Tefillah] of שַׁבָּת |

| | | |
|---|---|---|
| 40c | בְּעֶרֶב שַׁבָּת מִבְּעוֹד יוֹם | on עֶרֶב שַׁבָּת (Friday) _____ it was still day |
| 41a | שְׁמַע מִינָהּ | [one can] _____ from this |
| 41b | הֲלָכָה כְּרַבִּי יְהוּדָה | that the Halocho is _____ רַבִּי יְהוּדָה . |
| 41c | אַדְּרַבָּה מִדְּרַב הוּנָא וְרַבָּנָן | On the _____ ! Since רַב הוּנָא and the רַבָּנָן |
| 41d | לֹא הֲווּ מְצַלּוּ עַד אוּרְתָּא | would not Daven until _____ [time] |
| 42a | שְׁמַע מִינָהּ | [one can] _____ from this |
| 42b | אֵין הֲלָכָה כְּרַבִּי יְהוּדָה | that the Halocho is **NOT** like רַבִּי יְהוּדָה ! |
| 42c | הַשְׁתָּא | _____ , |
| 42d | דְּלֹא אִתְּמַר הִלְכְתָא | that we have not _____ the Halocho, |
| 42e | לֹא כְּמַר וְלֹא כְּמַר | not like this _____ (רַבָּנָן), and not like this _____ (רַבִּי יְהוּדָה), |
| 43a | דְּעָבַד כְּמַר עָבַד | one that does like this _____ (רַבָּנָן), has done [correctly], |
| 43b | וּדְעָבַד כְּמַר עָבַד | and one that does like this _____ (רַבִּי יְהוּדָה), has done [correctly]! |
| 43c | רַב אִיקְלַע לְבֵי גְּנִיבָא | רַב _____ to the house of גְּנִיבָא , |
| 43d | וְצַלֵּי שֶׁל שַׁבָּת | and _____ [the Friday night Tefillah] of שַׁבָּת |
| 44a | בְּעֶרֶב שַׁבָּת | on עֶרֶב שַׁבָּת (whilst it was still day), |
| 44b | וַהֲוָה מְצַלֵּי רַבִּי יִרְמְיָה בַּר אַבָּא | and רַבִּי יִרְמְיָה בַּר אַבָּא was _____ |
| 44c | לַאֲחוֹרֵיהּ דְּרַב | _____ רַב , |
| 44d | וְסַיֵּים רַב | and רַב _____ (davening), |
| 45a | וְלֹא פַּסְקֵיהּ | and did not _____ |
| 45b | לִצְלוֹתֵיהּ דְּרַבִּי יִרְמְיָה | the Davening of רַבִּי יִרְמְיָה (by passing in front of him). |

| | | |
|---|---|---|
| 45c | שְׁמַע מִינָּהּ תְּלָת | [So] learn from this [things]... |

| | | |
|---|---|---|
| 45d | שְׁמַע מִינָּהּ | 1 from this: |
| 45e | מִתְפַּלֵּל אָדָם שֶׁל שַׁבָּת | A person can [the Friday night Tefillah] of שַׁבָּת |
| 46a | בְּעֶרֶב שַׁבָּת | on עֶרֶב שַׁבָּת (whilst it is still day), |

| | | |
|---|---|---|
| 46b | וּשְׁמַע מִינָּהּ | 2 And from this: |
| 46c | מִתְפַּלֵּל תַּלְמִיד | A Talmid can |
| 46d | אֲחוֹרֵי רַבּוֹ | his Rebbe |

| | | |
|---|---|---|
| 46e | וּשְׁמַע מִינָּהּ | 3 And from this |
| 47a | אָסוּר לַעֲבוֹר | it is forbidden to |
| 47b | כְּנֶגֶד הַמִּתְפַּלְּלִין | those Davening (the Amida). |

**רש"י**

*Please cover up the left hand columns and practice the reading and translating of רש"י*

| | | | |
|---|---|---|---|
| 1 | וְלָא פַּסְקֵיהּ לִצְלוֹתֵיהּ. | **And did not the Davening** (of רַבִּי יִרְמְיָה by passing in front of him). | ולא פסקיה לצלותיה. |
| 2 | כְּלוֹמַר | : | כלומר |
| 3 | לֹא הִפְסִיק | He did not | לא הפסיק |
| 4 | בֵּין רַבִּי יִרְמְיָה וְלַכּוֹתֶל | between רַבִּי יִרְמְיָה and the | בין רבי ירמיה ולכותל |
| 5 | לַעֲבוֹר לְפָנָיו | to in front of him | לעבור לפניו |
| 6 | וְלֵישֵׁב בִּמְקוֹמוֹ | and in his place, | ולישב במקומו |
| 7 | אֶלָּא עָמַד עַל עָמְדוֹ: | rather, he at his standing [position]. | אלא עמד על עמדו: |

Have you understood???

## Complete the sentences

1. רַב חִסְדָּא said to __________ that there, by שַׁחֲרִית , the Halocho is like רַבִּי יְהוּדָה who said that one can only Daven until the __________ hour of the day.
2. The reason the Halocho is like רַבִּי יְהוּדָה, is because we learnt in the chosen __________ like him. The name of these chosen Mishnayos are __________ .
3. The question is here by מִנְחָה , can one only daven until פְּלַג הַמִּנְחָה like the opinion of __________, or can one daven all the way to night like the __________?
4. The Gemara wanted to suggest that since __________ Davened the Friday night Tefillah on Friday **whilst it was still day**, it is a proof like __________.
5. The Gemara then said, that on the contrary, since __________ only davened the Friday night Davening when it was dark, it was a proof like the __________.
6. The Gemara concluded that since it was not clearly stated which on opinion we follow, we may either follow __________ or the __________.
7. When רַב went up to the house of __________, the Gemara says that we can learn the following __________ things about what רַב did.
8. Firstly, a person can Daven the Friday night Tefillah whilst it is still __________.
9. Secondly, a Talmid can Daven behind his __________.
10. Thirdly, it is __________ to pass in front of someone Davening.

| | | | |
|---|---|---|---|
| 1 | הָתָם | 2 | הוֹאִיל |
| 3 | כְּוָותֵיהּ | 4 | הָכָא |
| 5 | הַשְׁתָּא | 6 | אַדְּרַבָּה |
| 7 | אִתְּמַר | 8 | סַיֵּים |
| 9 | תְּלָת | 10 | כְּנֶגֶד |
| 11 | כלומר | 12 | לעבור |

Reminder: Please always do Chazoro in a regular Gemara – line numbers match the 'DAF'.

## WORD MATCHING - Words are from Shiur ט - הצלחה ז.

| | | | |
|---|---|---|---|
| 1 | Between○ | ○אַחֲרוֹנָה | a |
| 2 | Extra○ | ○אֵימַת | b |
| 3 | First (part)○ | ○בֵּין | c |
| 4 | Fulfill○ | ○הַשְׁתָּא | d |
| 5 | Last○ | ○יַתֵּירָא | e |
| 6 | Like him○ | ○כְּוָותֵיהּ | f |
| 7 | Morning○ | ○מַאן | g |
| 8 | Now○ | ○מְקַיֵּים | h |
| 9 | When○ | ○צַפְרָא | i |
| 10 | Who○ | ○רֵישָׁא | j |

| | | | |
|---|---|---|---|
| 1 | First○ | ○אלמא | a |
| 2 | Furthermore○ | ○בכלל | b |
| 3 | Gather○ | ○הפסיק | c |
| 4 | Holds (like)○ | ○ותו | d |
| 5 | Hours○ | ○כותל | e |
| 6 | Including○ | ○לוקטים | f |
| 7 | Interrupt○ | ○סבירא | g |
| 8 | So we see○ | ○עמד | h |
| 9 | Stood○ | ○ראשונות | i |
| 10 | Wall○ | ○שעות | j |

Now its up to you  To Revise and make sure you KNOW IT in the גמרא

---

~שיעור י~

| | | |
|---|---|---|
| 47 | מְסַיֵּיעַ לֵיהּ לְרַבִּי יְהוֹשֻׁעַ בֶּן לֵוִי | This ______ רַבִּי יְהוֹשֻׁעַ בֶּן לֵוִי, |
| 48a | דְּאָמַר רַבִּי יְהוֹשֻׁעַ בֶּן לֵוִי | for רַבִּי יְהוֹשֻׁעַ בֶּן לֵוִי said: |
| 48b | אָסוּר לַעֲבוֹר | **"It is forbidden to ______** |
| 48c | כְּנֶגֶד הַמִּתְפַּלְּלִין | **in ______ of those Davening".** |
| 48d | אֵינִי | [This is] ______ ! |
| 48e | וְהָא רַבִּי אַמִי וְרַבִּי אַסִי חָלְפֵי | But רַבִּי אַמִי and רַבִּי אַסִי [did] ______ (before somone Davening)? |
| 49a | רַבִּי אַמִי וְרַבִּי אַסִי חוּץ לְאַרְבַּע אַמּוֹת הוּא דְּחָלְפֵי | רַבִּי אַמִי and רַבִּי אַסִי were ______ 4 Amos [of the person when] they passed. |
| 49b | וְרַבִּי יִרְמְיָה הֵיכִי עָבֵיד הָכִי | And רַבִּי יִרְמְיָה, ______ could he do this (Daven behind his Rebbe)? |
| 49c | וְהָא אָמַר רַב יְהוּדָה אָמַר רַב | ______ רַב יְהוּדָה said in the name of רַב: |
| 49d | לְעוֹלָם אַל יִתְפַּלֵּל אָדָם | A person should ______ Daven: |

| | | |
|---|---|---|
| 1a | לֹא כְּנֶגֶד רַבּוֹ | Not to his Rebbe, |
| 1b | וְלֹא אֲחוֹרֵי רַבּוֹ | and not him! |
| 1c | וְתַנְיָא רַבִּי אֱלִיעֶזֶר אוֹמֵר | And it was learnt in a - רַבִּי אֱלִיעֶזֶר says: |
| 2a | הַמִּתְפַּלֵּל אֲחוֹרֵי רַבּוֹ | One that Davens his Rebbe,  |
| 2b | וְהַנּוֹתֵן שָׁלוֹ_ם לְרַבּוֹ | and one that שָׁלוֹ_ם to his Rebbe (as he does to his friend), |
| 3a | וְהַמַּחֲזִיר שָׁלוֹ_ם לְרַבּוֹ | and שָׁלוֹ_ם to his Rebbe (as he does to his friend), |
| 3b | וְהַחוֹלֵק עַל יְשִׁיבָתוֹ שֶׁל רַבּוֹ | And one that with the Yeshiva of his Rebbe (by setting up a new one without permission), |
| 4a | וְהָאוֹמֵר דָּבָר | And one that says |
| 4b | שֶׁלֹּא שָׁמַע | that he did not |
| 5a | מִפִּי רַבּוֹ | from the of his Rebbe, |
| 5b | גּוֹרֵם לַשְּׁכִינָה | the שְׁכִינָה |
| 5c | שֶׁתִּסְתַּלֵּק מִיִּשְׂרָאֵל | to from Yidden. |
| 6a | שַׁאנִי רַבִּי יִרְמְיָה בַּר אַבָּא | רַבִּי יִרְמְיָה בַּר אַבָּא is ! |
| 6b | דְּתַלְמִיד חָבֵר הֲוָה | He was a Talmid [that is also] a . |
| 7 | וְהַיְינוּ דְּקָאָמַר לֵיהּ רַבִּי יִרְמְיָה בַּר אַבָּא לְרַב | what רַבִּי יִרְמְיָה בַּר אַבָּא said to רַב : |
| 8a | מִי בָּדְלַתְּ | Did **YOU** (from not doing מְלָאכָה [work] when you Davened early on Friday)? |
| 8b | אָמַר לֵיהּ אֵין בְּדֵילְנָא | He (רַב) replied to him: "Yes, I ". |
| 8c | וְלֹא אָמַר מִי בָּדֵיל מַר | and he (רַבִּי יִרְמְיָה בַּר אַבָּא) did not say: "Did the **MASTER** (from מְלָאכָה)". |

| רש״י | | | |
|---|---|---|---|
| Please cover up the left hand columns and practice the reading and translating of רש״י | | | |
| 1 | שָׁלוֹ_ם לְרַבּוֹ . | (Gives) שָׁ_לוֹם to his Rebbe. | ש-לום לרבו. |
| 2 | כִּשְׁאָר כָּל אָדָם | Like [he gives] to ______ people: | כשאר כל אדם |
| 3 | שָׁלוֹ_ם עָלֶיךָ | "שָׁ_לוֹם ______", | שלו-ם עליך |
| 4 | וְלֹא אָמַר לוֹ | and did not say to him: | ולא אמר לו |
| 5 | שָׁלוֹ_ם עָלֶיךָ רַבִּי: | "שָׁ_לוֹם ______ my Rebbe", | שלו-ם עליך רבי: |

Have you understood???

| | | |
|---|---|---|
| 1 | It is ALWAYS אָסוּר to pass in front of someone Davening. | True / False |
| 2 | One may pass before someone Davening if he is 3 Amos away. | True / False |
| 3 | One may pass before someone Davening if he is 5 Amos away. | True / False |
| 4 | A person CAN Daven behind his Rebbe if he is in a hurry. | True / False |
| 5 | A תַּלְמִיד חָבֵר is someone that is both his Rebbe and friend. | True / False |
| 6 | With a Rebbe that one knows well, he can greet him in anyway. | True / False |

| | | | | | |
|---|---|---|---|---|---|
| 1 | אֵינִי | | 2 | חוּץ | |
| 3 | הֵיכִי | | 4 | הָכִי | |
| 5 | וְהָא | | 6 | אֲחוֹרֵי | |
| 7 | חוֹלֵק | | 8 | גוֹרֵם | |
| 9 | שֶׁאֲנִי | | 10 | מַר | |
| 11 | כשאר | | 12 | עליך | |

Now its up to you

To Revise and make sure you KNOW IT in the גמרא

---

~שיעור יא~

| | | |
|---|---|---|
| 9a | וּמִי בָּדֵיל | And did he (רב) ______ (from not doing מְלָאכָה after Davening early)? |

| | | |
|---|---|---|
| 9b | וְהָאָמַר רַבִּי אָבִין | ______ רַבִּי אָבִין say: |
| 9c | פַּעַם אַחַת הִתְפַּלֵּל רַבִּי | ______ רַבִּי Davened |
| 10a | שֶׁל שַׁבָּת | [the Friday night Davening] of שַׁבָּת |
| 10b | בְּעֶרֶב שַׁבָּת | on עֶרֶב שַׁבָּת (Friday afternoon), |

| | | |
|---|---|---|
| 10c | וְנִכְנַס לַמֶּרְחָץ וְיָצָא | and ______ the bathhouse and went out |
| 11a | וְשָׁנָה לָן פִּרְקִין | and ______ to us our Perek (that we were learning), |
| 11b | וַעֲדַיִין לֹא חָשְׁכָה | and ______ it was not dark? |

| | | |
|---|---|---|
| 12a | אָמַר רָבָא הַהוּא דְּנִכְנַס לְהַזִּיעַ | רָבָא said: that was where he ______ for a steam bath *(literally: to perspire)*, |
| 12b | וְקוֹדֶם גְּזֵירָה הֲוָה | and it was before the ______ (not to steam bath). |

| | | |
|---|---|---|
| 13a | אֵינִי | ______ (that one must separate from doing מְלָאכָה after davening early)? |
| 13b | וְהָא אַבַּיֵּי | ______ אַבַּיֵּי |
| 13c | שָׁרָא לֵיהּ לְרַב דִּימִי בַּר לֵיוַאי | ______ רַב דִּימִי בַּר לֵיוַאי |
| 14a | לְכַבְרוּיֵי סַלֵּי | to smoke ______ (with sulphur)? |

| | | |
|---|---|---|
| 14b | הַהוּא טָעוּתָא הֲוַאי | That [accepting of שַׁבָּת] was a ______. |

| | | |
|---|---|---|
| 14c | וְטָעוּתָא מִי הָדְרָא | And a ______ [in accepting שַׁבָּת] does it [now] return [it back to Chol]? |
| 15a | וְהָא אָמַר אֲבִידָן | ______ אֲבִידָן said: |
| 15b | פַּעַם אַחַת | ______ |
| 15c | נִתְקַשְּׁרוּ שָׁמַיִם | the ______ became thick |
| 16a | בְּעָבִים | with ______, |
| 16b | כִּסְבוּרִים הָעָם | and the people ______ |
| 16c | לוֹמַר חֲשֵׁכָה הוּא | to say it is ______ |
| 17a | וְנִכְנְסוּ לְבֵית הַכְּנֶסֶת | and they ______ into Shul |
| 17b | וְהִתְפַּלְּלוּ שֶׁל מוֹצָאֵי שַׁבָּת בְּשַׁבָּת | and Davened the מוֹצָאֵי שַׁבָּת [Davening] on שַׁבָּת, |
| 18a | וְנִתְפַּזְּרוּ הֶעָבִים | and the ______ scattered |

| | | |
|---|---|---|
| 18b | וְזָרְחָה הַחַמָּה | and the shone, |
| 19a | וּבָאוּ וְשָׁאֲלוּ אֶת רַבִּי | and they came and רַבִּי [if they need to Daven again], |
| 19b | וְאָמַר הוֹאִיל וְהִתְפַּלְלוּ | and he said: they have Davened, |
| 20a | הִתְפַּלְלוּ | they have Davened (and don't need to repeat – **so we see that Davening is "accepted" even by mistake**)? |

| | | |
|---|---|---|
| 20b | שַׁאנִי צִבּוּר | A congregation is |
| 20c | דְּלָא מַטְרְחִינַן לְהוּ | as we do not them [to Daven again, **BUT** Davening early on Friday by mistake still allows one to do מְלָאכָה]. |

רש"י

*Please cover up the left hand columns and practice the reading and translating of* רש"י

| | | | |
|---|---|---|---|
| 1 | טָעוּתָא הֲוַאי . | **That [accepting of שַׁבָּת] was a .** | טעותא הואי. |
| 2 | לֹא קִבֵּל עָלָיו | He (רַב דִּימִי) did not on himself | לא קבל עליו |
| 3 | תּוֹסֶפֶת שַׁבָּת | the ' ' (bit of) Shabbos | תוספת שבת |
| 4 | מִשְּׁעַת תְּפִלָּה מִדַּעַת | from the time of davening, | משעת תפלה מדעת |
| 5 | אֶלָּא | | אלא |
| 6 | יוֹם הַמְעוּנָּן הָיָה | [it was] a day, | יום המעונן היה |
| 7 | וּכְסָבוּר | and he | וכסבור |
| 8 | חֲשֵׁכָה | [it became] , | חשכה |
| 9 | וְאַחַר כָּךְ | and | ואחר כך |
| 10 | זָרְחָה חַמָּה: | the shined. | זרחה חמה: |

Have you understood???

| | |
|---|---|
| 1 | The Gemara stated (in the מַסְקָנָא) that רַב Davened early of Friday AND:<br>**a.** Continued doing מְלָאכָה.<br>**b.** He washed himself in the bath house.<br>**c.** Only went for a steam bath.<br>**d.** Only did the מְלָאכָה of smoking a basket.<br>**e.** Did neither of the above. |
| 2 | The Gemara stated (in the מַסְקָנָא) that רַב דִּימִי Davened early on Friday AND:<br>**a.** Was not allowed to continue doing מְלָאכָה.<br>**b.** He washed himself in the bath house.<br>**c.** Only went for a steam bath.<br>**d.** Was allowed to continue doing מְלָאכָה.<br>**b.** Did neither of the above. |
| 3 | If one Davened the מוֹצָאֵי שַׁבָּת Davening whilst it was still שַׁבָּת:<br>**a.** He is allowed to do מְלָאכָה.<br>**b.** He has to repeat Davening.<br>**c.** He is allowed to smoke a basket.<br>**d.** He can wash himself in the bath house.<br>**e.** He may not do any of the above. |
| 4 | What exactly was the mistake that allowed רַב דִּימִי to smoke the baskets? |

| | | | | | |
|---|---|---|---|---|---|
| 1 | נִכְנַס | | 2 | עֲדַיִין | |
| 3 | קוֹדֶם | | 4 | גְּזֵירָה | |
| 5 | אֵינִי | | 6 | שָׁרָא | |
| 7 | טָעוּתָא | | 8 | סְבוּרִים | |
| 9 | הוֹאִיל | | 10 | שֶׁאֲנִי | |
| 11 | מסעת | | 12 | אחר כך | |

Now its up to you  To Revise and make sure you KNOW IT in the גמרא

~שיעור יב~

| | | |
|---|---|---|
| 20 | אָמַר רַבִּי חִיָּיא בַּר אָבִין | רַבִּי חִיָּיא בַּר אָבִין said: |
| 21a | רַב צַלֵּי שֶׁל שַׁבָּת | רַב ____ [the Friday night Davening] of שַׁבָּת |
| 21b | בְּעֶרֶב שַׁבָּת | on עֶרֶב שַׁבָּת (Friday afternoon), |
| 22c | רַבִּי יֹאשִׁיָּה מְצַלֵּי | רַבִּי יֹאשִׁיָּה ____ |
| 22d | שֶׁל מוֹצָאֵי שַׁבָּת | the מוֹצָאֵי שַׁבָּת [Davening] |
| 22e | בְּשַׁבָּת | on Shabbos. |
| 22f | רַב צַלֵּי שֶׁל שַׁבָּת | **רַב ____ [the Friday night Davening] of שַׁבָּת** |
| 23a | בְּעֶרֶב שַׁבָּת | **on עֶרֶב שַׁבָּת (Friday afternoon).** |
| 23b | אוֹמֵר קְדוּשָּׁה עַל הַכּוֹס | [Does] he say Kiddush over a ____, |
| 23c | אוֹ אֵינוֹ אוֹמֵר | or does he ____ say |
| 23d | קְדוּשָּׁה עַל הַכּוֹס | Kiddush over a ____ (and instead waits until it is dark to say Kiddish)? |
| 24a | תָּא שְׁמַע | Come and ____: |
| 24b | דְּאָמַר רַב נַחְמָן אָמַר שְׁמוּאֵל | for רַב נַחְמָן said in the name of שְׁמוּאֵל: |
| 24c | מִתְפַּלֵּל אָדָם שֶׁל שַׁבָּת | A person can ____ [the Friday night Davening] of שַׁבָּת |
| 24d | בְּעֶרֶב שַׁבָּת | on עֶרֶב שַׁבָּת (Friday afternoon), |
| 25a | וְאוֹמֵר קְדוּשָּׁה | and he can say Kiddish |
| 25b | עַל הַכּוֹס | on a ____ (before it is dark). |
| 25c | וְהִלְכְתָא כְּוָותֵיהּ | And the Halocho is ____. |
| 25d | רַבִּי יֹאשִׁיָּה מְצַלֵּי | **רַבִּי יֹאשִׁיָּה ____** |
| 25e | שֶׁל מוֹצָאֵי שַׁבָּת | **the מוֹצָאֵי שַׁבָּת [Davening]** |
| 26a | בְּשַׁבָּת | **on Shabbos.** |
| 26b | אוֹמֵר הַבְדָּלָה עַל הַכּוֹס | [Does] he say Havdoloh on a ____, |

| | | |
|---|---|---|
| 26c | אוֹ אֵינוֹ אוֹמֵר הַבְדָּלָה עַל הַכּוֹס | or does he not say Havdoloh over a _____ (and instead waits until it is dark to say Havdoloh)? |
| 26d | תָּא שְׁמַע | Come and _____ : |
| 26e | דְּאָמַר רַב יְהוּדָה אָמַר שְׁמוּאֵל | For רַב יְהוּדָה said in the name of שְׁמוּאֵל : |
| 27a | מִתְפַּלֵּל אָדָם | A person can _____ |
| 27b | שֶׁל מוֹצָאֵי שַׁבָּת | the מוֹצָאֵי שַׁבָּת [Davening] |
| 27c | בְּשַׁבָּת | on Shabbos, |
| 27d | וְאוֹמֵר הַבְדָּלָה עַל הַכּוֹס | and say Havdoloh on a _____ (before it is dark). |
| 28a | אָמַר רַבִּי זֵירָא אָמַר רַבִּי אַסִּי אָמַר רַבִּי אֶלְעָזָר | רַבִּי זֵירָא said in the name of רַבִּי אַסִּי, who said in the name of רַבִּי אֶלְעָזָר, |
| 28b | אָמַר רַבִּי חֲנִינָא אָמַר רַב | who said in the name of רַבִּי חֲנִינָא, who said in the name of רַב : |
| 28c | בְּצַד עַמּוּד זֶה | On this side of the _____ |
| 29a | הִתְפַּלֵּל רַבִּי יִשְׁמָעֵאל בְּרַבִּי יוֹסֵי | רַבִּי יִשְׁמָעֵאל the son of רַבִּי יוֹסֵי _____ |
| 29b | שֶׁל שַׁבָּת | [the Friday night Davening] of שַׁבָּת |
| 29c | בְּעֶרֶב שַׁבָּת | on עֶרֶב שַׁבָּת (Friday afternoon). |
| 29d | כִּי אֲתָא עוּלָּא אָמַר | When עוּלָּא _____, he said: |
| 30a | בְּצַד תְּמָרָה הֲוָה | It was on this _____ of the date tree, |
| 30b | וְלָא בְּצַד עַמּוּד הֲוָה | and it was not on this side of the _____, |
| 30c | וְלָא רַבִּי יִשְׁמָעֵאל בְּרַבִּי יוֹסֵי הֲוָה | and it was not רַבִּי יִשְׁמָעֵאל the son of רַבִּי יוֹסֵי, |
| 30d | אֶלָּא רַבִּי אֶלְעָזָר בְּרַבִּי יוֹסֵי הֲוָה | _____ it was רַבִּי אֶלְעָזָר the son of רַבִּי יוֹסֵי, |
| 31a | וְלָא שֶׁל שַׁבָּת | And it was not [the Friday night Davening] of שַׁבָּת |
| 31b | בְּעֶרֶב שַׁבָּת הֲוָה | on עֶרֶב שַׁבָּת (Friday afternoon), |
| 31c | אֶלָּא שֶׁל מוֹצָאֵי שַׁבָּת | rather it was the מוֹצָאֵי שַׁבָּת [Davening] |

| | | |
|---|---|---|
| 32 | בְּשַׁבָּת הֲוָה: | on Shabbos. |

Have you understood???

| | |
|---|---|
| 1 | What Halocho was the Gemoro referring to when it said “*the Halocho is like him*”? |
| 2 | What Halocho did רַב יְהוּדָה say in the name of שְׁמוּאֵל ? |
| 3 | What proof was עוּלָּא bringing? |

| | | | |
|---|---|---|---|
| 1 | כּוֹס | 2 | תָּא |
| 3 | שְׁמַע | 4 | כְּוָותֵיהּ |
| 5 | מִתְפַּלֵּל | 6 | בְּצַד |
| 7 | עַמּוּד | 8 | אָתָא |
| 9 | הֲוָה | 10 | אֶלָּא |

Words are from Shiur י - יב and can either be Across or Down. הצלחה

WordSearch Puzzle

Seek and you shall find!

| | | | |
|---|---|---|---|
| 1 | supports | 2 | outside |
| 3 | behind | 4 | causes |
| 5 | as yet | 6 | before |
| 7 | since | 8 | different |
| 9 | cup | 10 | came |

| | | | | | | | | | |
|---|---|---|---|---|---|---|---|---|---|
| ל | פ | ש | ם | ן | ו | ט | א | ר | ק |
| א | ת | א | ש | ד | ג | כ | ע | י | ח |
| מ | נ | נ | ה | ב | ס | ז | ף | ך | ל |
| צ | ל | י | א | ו | ה | מ | ת | ץ | ז |
| מ | מ | נ | ח | ה | ב | ס | ו | כ | ס |
| צ | ת | ץ | ו | ש | ד | י | ג | כ | ע |
| ק | ג | ף | ר | ך | ל | י | ח | ח | י |
| ר | ו | ן | י | י | ד | ע | א | ו | ט |
| ח | ר | ל | ך | ף | פ | ם | ן | ץ | ו |
| י | ם | ד | ו | ק | ע | כ | ג | ז | ס |

Now its up to you

To Revise and make sure you KNOW IT in the גמרא

~שיעור יג~

| | | |
|---|---|---|
| 32a | תְּפִלַּת הָעֶרֶב | **The Davening** (מַעֲרִיב) |
| 32b | אֵין לָהּ קֶבַע | **does not have a [time].** |

| | | |
|---|---|---|
| 32c | מַאי אֵין לָהּ קֶבַע | What is: ***"IT DOES NOT HAVE A [TIME]"*** |

| | | |
|---|---|---|
| 32d | אִילֵימָא | [it means]… |
| 32e | דְּאִי בָּעֵי מְצַלֵּי | that to Daven [מַעֲרִיב] |
| 33a | כּוּלֵּיהּ לֵילְיָא | the night (that he is allowed). |

| | | |
|---|---|---|
| 33b | לִיתְנֵי | [Then] [in the Mishna]: |
| 33c | תְּפִלַּת הָעֶרֶב כָּל הַלַּיְלָה | *"The Davening [can be said] **ALL** night!"* |

| | | |
|---|---|---|
| 33d | אֶלָּא מַאי | , What is: |
| 33e | אֵין לָהּ קֶבַע | ***"IT DOES NOT HAVE A [TIME]"?*** |

| | | |
|---|---|---|
| 34a | כְּמַאן דְּאָמַר | It is that says: |
| 34b | תְּפִלַּת עַרְבִית רְשׁוּת | *"The Evening Davening is !"* |
| 34c | דְּאָמַר רַב יְהוּדָה אָמַר שְׁמוּאֵל | For רַב יְהוּדָה said in the name of שְׁמוּאֵל: |

| | | |
|---|---|---|
| 34d | תְּפִלַּת עַרְבִית | [about] **the Evening** : |
| 35a | רַבָּן גַּמְלִיאֵל אוֹמֵר חוֹבָה | רַבָּן גַּמְלִיאֵל says it is a חִיּוּב [ ] |
| 35b | רַבִּי יְהוֹשֻׁעַ אוֹמֵר רְשׁוּת | רַבִּי יְהוֹשֻׁעַ says it is . |

| | | |
|---|---|---|
| 35c | אָמַר אַבַּיֵּי הֲלָכָה | אַבַּיֵּי said: The Halocho is |
| 36a | כְּדִבְרֵי הָאוֹמֵר חוֹבָה | like the one that says it is a חִיּוּב, |
| 36b | וְרָבָא אָמַר הֲלָכָה | and רָבָא said: The Halocho is |
| 36c | כְּדִבְרֵי הָאוֹמֵר רְשׁוּת | like the one that says it is . |

| | | |
|---|---|---|
| 36d | תָּנוּ רַבָּנָן | The רַבָּנָן : |
| 36e | מַעֲשֶׂה בְּתַלְמִיד אֶחָד | There was a with one תַּלְמִיד |
| 37a | שֶׁבָּא לִפְנֵי רַבִּי יְהוֹשֻׁעַ | that came רַבִּי יְהוֹשֻׁעַ, |
| 37b | אָמַר לוֹ | He (the תַּלְמִיד) said to him (to רַבִּי יְהוֹשֻׁעַ): |
| 37c | תְּפִלַּת עַרְבִית רְשׁוּת אוֹ חוֹבָה | Is the Evening Davening a חִיּוּב or ?" |
| 37d | אָמַר לֵיהּ רְשׁוּת | He (רַבִּי יְהוֹשֻׁעַ) said to him: " ". |
| 38a | בָּא לִפְנֵי רַבָּן גַּמְלִיאֵל | He came רַבָּן גַּמְלִיאֵל , |
| 38b | אָמַר לוֹ | He (the תַּלְמִיד) said to him (to רַבָּן גַּמְלִיאֵל): |
| 38c | תְּפִלַּת עַרְבִית רְשׁוּת אוֹ חוֹבָה | Is the Evening Davening a חִיּוּב or !" |
| 38d | אָמַר לוֹ חוֹבָה | He (רַבָּן גַּמְלִיאֵל) said to him: "A חִיּוּב". |
| 39a | אָמַר לוֹ | He (the תַּלְמִיד) said to him (to רַבָּן גַּמְלִיאֵל): |
| 39b | וַהֲלֹא רַבִּי יְהוֹשֻׁעַ | רַבִּי יְהוֹשֻׁעַ |
| 39c | אָמַר לִי רְשׁוּת | said to me "it is !" |
| 39d | אָמַר לוֹ הַמְתֵּן | He (the רַבָּן גַּמְלִיאֵל) said to him (to תַּלְמִיד): |
| 39e | עַד שֶׁיִּכָּנְסוּ בַּעֲלֵי תְּרִיסִין לְבֵית הַמִּדְרָשׁ | until the warriors (of Torah) the בֵּית הַמִּדְרָשׁ . |
| 40a | כְּשֶׁנִּכְנְסוּ בַּעֲלֵי תְּרִיסִין | When the warriors , |
| 40b | עָמַד הַשּׁוֹאֵל וְשָׁאַל | The ' ' stood and asked: |
| 40c | תְּפִלַּת עַרְבִית רְשׁוּת אוֹ חוֹבָה | Is the Evening Davening a חִיּוּב or ?" |
| 40d | אָמַר לוֹ רַבָּן גַּמְלִיאֵל חוֹבָה | רַבָּן גַּמְלִיאֵל said to him: "A חִיּוּב" |
| 40e | אָמַר לָהֶם רַבָּן גַּמְלִיאֵל לַחֲכָמִים | רַבָּן גַּמְלִיאֵל said to the חֲכָמִים : |
| 41a | כְּלוּם יֵשׁ אָדָם | Is there anyone |

| | | |
|---|---|---|
| 41b | שֶׁחוֹלֵק בְּדָבָר זֶה | that on this matter? |
| 41c | אָמַר לֵיהּ רַבִּי יְהוֹשֻׁעַ לָאו | רַבִּי יְהוֹשֻׁעַ said to him: "NO". |
| 41d | אָמַר לוֹ | He (רַבָּן גַּמְלִיאֵל) said to him (רַבִּי יְהוֹשֻׁעַ): |
| 41e | וַהֲלֹא מִשְּׁמְךָ | "But in |
| 41f | אָמְרוּ לִי רְשׁוּת | they said to me it is !" |
| 42a | אָמַר לֵיהּ | He (רַבָּן גַּמְלִיאֵל) said to him (רַבִּי יְהוֹשֻׁעַ): |
| 42b | יְהוֹשֻׁעַ עֲמוֹד עַל רַגְלֶיךָ | "יְהוֹשֻׁעַ on your feet, |
| 42c | וְיָעִידוּ בְּךָ | and let them against you!" |
| 42d | עָמַד רַבִּי יְהוֹשֻׁעַ עַל רַגְלָיו וְאָמַר | רַבִּי יְהוֹשֻׁעַ stood on and said: |
| 42e | אִלְמָלֵא אֲנִי חַי וְהוּא מֵת | "If I were and he (the שׁוֹאֵל) dead, |
| 43a | יָכוֹל הַחַי | [then] the living are |
| 43b | לְהַכְחִישׁ אֶת הַמֵּת | to the dead, |
| 43c | וְעַכְשָׁיו שֶׁאֲנִי חַי וְהוּא חַי | but that I am alive and he is alive, |
| 43d | הֵיאַךְ יָכוֹל הַחַי | can the living |
| 43e | לְהַכְחִישׁ אֶת הַחַי | the living (so how can I deny that I said: **מַעֲרִיב is optional!**) |

**רש"י**

*Please cover up the left hand columns and practice the reading and translating of רש"י*

| | | | |
|---|---|---|---|
| 1 | הֵיאַךְ יָכוֹל הַחַי | **can the living** | היאך יכול החי |
| 2 | לְהַכְחִישׁ אֶת הַחַי. | **the living!** | להכחיש את החי. |
| 3 | עַל כָּרְחִי | Against , | על כרחי |
| 4 | אֲנִי צָרִיךְ לְהוֹדוֹת | I need to | אני צריך להודות |
| 5 | שֶׁאָמַרְתִּי לוֹ רְשׁוּת: | that I said to him it is . | שאמרתי לו רשות: |

Have you understood???

| | |
|---|---|
| 1 | In the הֲוָה אֲמִינָא, what did the Gemara think **"אֵין לָהּ קֶבַע"** means? ______ |
| 2 | Why could it not mean this? ______ |
| 3 | In the מַסְקָנָא, what did the Gemara think **"אֵין לָהּ קֶבַע"** means ? ______ |
| 4 | What is the opinion of רַבָּן גַּמְלִיאֵל and רַבִּי יְהוֹשֻׁעַ ? ______ ______ |

| | | | |
|---|---|---|---|
| 1 | קֶבַע | 2 | מַאי |
| 3 | אִילֵימָא | 4 | אִי בָּעֵי |
| 5 | כְּמַאן | 6 | וַהֲלֹא |
| 7 | הַמְתֵּן | 8 | יָכוֹל |
| 9 | עַכְשָׁיו | 10 | הֵיאַךְ |
| 11 | על כרחי | 12 | להודות |

Now its up to you

To Revise and make sure you KNOW IT in the גמרא

~שיעור יד~

| | | |
|---|---|---|
| 43 | הָיָה רַבָּן גַּמְלִיאֵל | רַבָּן גַּמְלִיאֵל was |
| 44a | יוֹשֵׁב וְדוֹרֵשׁ | ______ and [giving the] Drosho, |
| 44b | וְרַבִּי יְהוֹשֻׁעַ עוֹמֵד | and רַבִּי יְהוֹשֻׁעַ was ______ |
| 44c | עַל רַגְלָיו | on his ______ |
| 44d | עַד שֶׁרִנְנוּ כָּל הָעָם | until all the ______ were complaining. |
| 44e | וְאָמְרוּ לְחוּצְפִּית הַתּוּרְגְּמָן | And said to חוּצְפִּית the ______ : |

Reminder: Please always do Chazoro in a regular Gemara – line numbers match the 'DAF'.

| | | |
|---|---|---|
| 44f | עֲמוֹד וְעָמַד | (*literally: stand*), and he stopped. |
| 45a | אָמְרֵי עַד כַּמָּה | They said: "until when |
| 45b | נְצַעֲרֵיה וְנֵיזִיל | will he (רַבָּן גַּמְלִיאֵל) go on giving him (רַבִּי יְהוֹשֻׁעַ) "! |
| 45c | בְּרֹאשׁ הַשָּׁנָה אַשְׁתְּקַד צַעֲרֵיה | On Rosh Hashana last year he caused him , |
| 45d | בִּבְכוֹרוֹת | (Also) in בְּכוֹרוֹת |
| 45e | בְּמַעֲשֶׂה דְּרַבִּי צָדוֹק צַעֲרֵיה | in the of רַבִּי צָדוֹק he caused him pain. |
| 45f | הָכָא נַמִּי צַעֲרֵיה | Here he caused him pain. |
| 46a | תָּא וּנְעַבְּרֵיה | and let us remove him! |
| 46b | מַאן נוֹקִים לֵיהּ | shall we appoint (instead of him)? |
| 46c | נוֹקְמֵיהּ לְרַבִּי יְהוֹשֻׁעַ | Shall we רַבִּי יְהוֹשֻׁעַ ? |
| 46d | בַּעַל מַעֲשֶׂה הוּא | He is part of the (so we cant appoint him)! |
| 46e | נוֹקְמֵיהּ לְרַבִּי עֲקִיבָא | Shall we רַבִּי עֲקִיבָא ? |
| 46f | דִּילְמָא עָנֵישׁ לֵיהּ | he (רַבָּן גַּמְלִיאֵל) will punish him |
| 47a | דְּלֵית לֵיהּ זְכוּת אָבוֹת | because he (רַבִּי עֲקִיבָא) does not have of his fathers! |
| 47b | אֶלָּא נוֹקְמֵיהּ לְרַבִּי אֶלְעָזָר בֶּן עֲזַרְיָה | we will appoint רַבִּי אֶלְעָזָר בֶּן עֲזַרְיָה: |
| 47c | דְּהוּא חָכָם | 1 for he is , |
| 47d | וְהוּא עָשִׁיר | 2 and he is , |
| 47e | וְהוּא עֲשִׂירִי לְעֶזְרָא | 3 and he is the [generation] from עֶזְרָא . |
| 48a | הוּא חָכָם | 1 He is - |
| 48b | דְּאִי מַקְשֵׁי לֵיהּ | Because if they him (a question), |

| | | |
|---|---|---|
| 48c | מְפָרֵק לֵיהּ | he [can] ______ it. |
| 48d | וְהוּא עָשִׁיר | ② He is ______ - |
| 48e | דְּאִי אִית לֵיהּ לְפְלוּחֵי לְבֵי קֵיסָר | Because if he has to ______ *(literally: serve)* for the House of the Caesar (the ruler), |
| 48f | אַף הוּא אָזַל וּפָלַח | he can also ______ and work (with Caesar). |
| 49a | וְהוּא עֲשִׂירִי לְעֶזְרָא | ③ And he is the ______ [generation] from עֶזְרָא - |
| 49b | דְּאִית לֵיהּ זְכוּת אָבוֹת | and he does have ______ of his fathers |
| 49c | וְלֹא מָצֵי עָנֵישׁ לֵיהּ | and he (רַבָּן גַּמְלִיאֵל) is not able to ______ him (רַבִּי אֶלְעָזָר בֶּן עֲזַרְיָה)! |
| 49d | אָתוּ וְאָמְרוּ לֵיהּ | They ______ and said to him (רַבִּי אֶלְעָזָר בֶּן עֲזַרְיָה): |
| 49e | נִיחָא לֵיהּ לְמַר | Would it be ______ for the Master |
| 50a | דְּלֶיהֱוֵי רֵישׁ מְתִיבְתָּא | that he should be ______ of the Yeshiva? |
| 50b | אָמַר לְהוּ | He said to them: |
| 50c | אֵיזִיל וְאִימְּלִיךְ | ______ and ask |
| 50d | בְּאִינְשֵׁי בֵּיתִי | the ______ of my house. |
| 50e | אָזַל וְאִמְּלִיךְ בִּדְבִיתְהוּ | He ______ and asked his wife. |
| 50f | אָמְרָה לֵיהּ | She said to him: |
| 1a | דִּלְמָא מְעַבְּרִין לָךְ | ______ (one day) they will remove you? |
| 1b | אָמַר לָהּ | He said to her: |
| 1c | לִשְׁתַּמֵּשׁ אִינַשׁ | Let a person ______ |
| 2a | יוֹמָא חֲדָא | for ______ day |
| 2b | בְּכָסָא דְּמוֹקְרָא | a valuable [glass] ______ |
| 2c | וּלְמָחָר לִיתְּבַר | and ______ it [may] break! |
| 3a | אָמְרָה לֵיהּ | She said to him: |
| 3b | לֵית לָךְ חִיוָּרְתָּא | You have no ______ [hair]? |

| | | |
|---|---|---|
| 3c | הַהוּא יוֹמָא | That ___ |
| 3d | בַּר תַּמְנֵי סְרֵי שְׁנֵי הֲוָה | he (רַבִּי אֶלְעָזָר בֶּן עֲזַרְיָה) was ___ years old. |
| 4 | אִתְרַחִישׁ לֵיהּ נִיסָּא | A ___ happened for him |
| 5a | וְאַהְדְּרוּ לֵיהּ תַּמְנֵי סְרֵי דָּרֵי | and 18 rows [of hair] ___ |
| 5b | חִיוָּרָתָא | ___ . |

| | | |
|---|---|---|
| 5c | הַיְינוּ דְּקָאָמַר רַבִּי אֶלְעָזָר בֶּן עֲזַרְיָה | ___ what רַבִּי אֶלְעָזָר בֶּן עֲזַרְיָה said: |
| 6 | הֲרֵי אֲנִי כְּבֶן שִׁבְעִים שָׁנָה | **"I am like ___ years old",** |
| 7 | וְלֹא בֶּן שִׁבְעִים שָׁנָה | but not [actually] ___ years old. |

**רש"י**

*Please cover up the left hand columns and practice the reading and translating of רש"י*

| | | | |
|---|---|---|---|
| 1 | הַתּוּרְגְּמָן . | **The ___.** | התורגמן. |
| 2 | שֶׁהָיָה עוֹמֵד לִפְנֵי רַבָּן גַּמְלִיאֵל | He was standing ___ רַבָּן גַּמְלִיאֵל, | שהיה עומד לפני רבן גמליאל |
| 3 | וּמַשְׁמִיעַ לָרַבִּים אֶת הַדְּרָשָׁה | and [making] ___ to the public the Drosho | ומשמיע לרבים את הדרשה |
| 4 | מִפִּי רַבָּן גַּמְלִיאֵל: | from the ___ of רַבָּן גַּמְלִיאֵל. | מפי רבן גמליאל: |

## Complete the sentences

1. רַבָּן גַּמְלִיאֵל was ___ and giving the Drosho, and רַבִּי יְהוֹשֻׁעַ was left standing.
2. The people started ___ and said to חוּצְפִּית the translator to "___".
3. They said: "for how long will רַבָּן גַּמְלִיאֵל continue giving ___ to רַבִּי יְהוֹשֻׁעַ.
4. There were a total *(including our Gemara)* of ___ instances that רַבָּן גַּמְלִיאֵל gave pain to רַבִּי יְהוֹשֻׁעַ.

5. They could not appoint ______, as he was involved in this story.
6. They could also not appoint ______ as he did not have any זְכוּת אָבוֹת and might be punished.
7. They decided in the end to appoint רַבִּי אֶלְעָזָר בֶּן עֲזַרְיָה as he had all three qualities: He was ______, he was ______ and he was the ______ generation from Ezra.
8. Before he accepted, he said that he has to first ask his ______.
9. She had two worries, **a)** that they might ______ him, **b)** he did not have any ______.
10. A ______ happened and his hair turned white.

| | | | |
|---|---|---|---|
| 1 | יוֹשֵׁב | 2 | עוֹמֵד |
| 3 | מַעֲשֶׂה | 4 | הָכָא נַמֵי |
| 5 | מַאן | 6 | דִּילְמָא |
| 7 | עָשִׁיר | 8 | אָזַל |
| 9 | מָחָר | 10 | הַיְינוּ |
| 11 | לפני | 12 | רבים |

Now its up to you — To Revise and make sure you KNOW IT in the גמרא

~שיעור טו~

| | | |
|---|---|---|
| 7 | תָּנָא אוֹתוֹ הַיּוֹם | It was learnt in a Baraisa: ______ day |
| 8a | סִלְּקוּהוּ | they ______ |
| 8b | לְשׁוֹמֵר הַפֶּתַח | the guard of the ______ |
| 8c | וְנִתְּנָה לָהֶם רְשׁוּת | and gave ______ |
| 9a | לַתַּלְמִידִים לִיכָּנֵס | for the Talmidim to ______, |

| | | |
|---|---|---|
| 9b | שֶׁהָיָה רַבָּן גַּמְלִיאֵל | for רַבָּן גַּמְלִיאֵל had |
| 10a | מַכְרִיז וְאוֹמֵר | ______ and said: |
| 10b | כָּל תַּלְמִיד | ______ Talmid |

| | | |
|---|---|---|
| 10c | שֶׁאֵין תּוֹכוֹ | that his |
| 10d | כְּבָרוֹ | is not like his (in matters of יִרְאַת שָׁמַיִם), |
| 11a | לֹא יִכָּנֵס לְבֵית הַמִּדְרָשׁ | should not the בֵּית הַמִּדְרָשׁ . |

| | | |
|---|---|---|
| 11b | הַהוּא יוֹמָא | day |
| 11c | אִתּוֹסְפוּ | they |
| 12a | כַּמָּה סַפְסְלֵי | many . |
| 12b | אָמַר רַבִּי יוֹחָנָן | רַבִּי יוֹחָנָן said: |
| 12c | פְּלִיגֵי בָּהּ אַבָּא יוֹסֵף בֶּן דּוֹסְתַּאי וְרַבָּנָן | אַבָּא יוֹסֵף בֶּן דּוֹסְתַּאי and the רַבָּנָן over it: |
| 13a | חַד אָמַר אִתּוֹסְפוּ | One says they |
| 13b | אַרְבַּע מְאָה סַפְסַלֵּי | 400 , |
| 14a | וְחַד אָמַר | and one says: |
| 14b | שְׁבַע מְאָה סַפְסַלֵּי | 700 . |

| | | |
|---|---|---|
| 15a | הֲוָה קָא חָלְשָׁא דַּעְתֵּיהּ דְּרַבָּן גַּמְלִיאֵל | The of רַבָּן גַּמְלִיאֵל became faint *(he was upset)*. |
| 15b | אָמַר דִּלְמָא חַס וְשָׁלוֹם | He said: חַס וְשָׁלוֹם |
| 16a | מָנַעְתִּי תּוֹרָה מִיִּשְׂרָאֵל | I have Torah from Yidden |
| 16b | אַחְזוּ לֵיהּ בְּחֶלְמֵיהּ | They showed him in his |
| 17a | חַצְבֵי חִיוָּרֵי | jugs |
| 17b | דְּמַלְיָין קִטְמָא | that were with ash (which are worthless, **and so too the Talmidim**). |
| 17c | וְלֹא הִיא | And it was not so (that the Talmidim were not worthy). |
| 17d | הַהִיא לְיַתּוֹבֵי דַּעְתֵּיהּ | That (dream) was [only] to settle his |
| 18 | הוּא דְּאַחְזוּ לֵיהּ | that they him [it]. |

רש"י

*Please cover up the left hand columns and practice the reading and translating of* רש"י

| | | | |
|---|---|---|---|
| 1 | קָא חָלְשָׁא דַּעְתֵּיהּ דְּרַבָּן גַּמְלִיאֵל. | **The ____ of רַבָּן גַּמְלִיאֵל became faint.** | קא חלשא דעתיה דר"ג. |
| 2 | כְּשֶׁרָאָה | When he ____ | כשראה |
| 3 | שֶׁנִּתּוֹסְפוּ הַיּוֹם | that they ____ today | שנתוספו היום |
| 4 | תַּלְמִידִים רַבִּים | ____ Talmidim, | תלמידים רבים |
| 5 | וְהָיָה דּוֹאֵג | And he was ____ | והיה דואג |
| 6 | שֶׁלֹּא יֵעָנֵשׁ | that he should not get ____ | שלא יענש |
| 7 | בְּמַה שֶּׁמְּנָעָם | by his ____ them | במה שמנעם |
| 8 | בְּיָמָיו מִלָּבֹא: | in his days from ____ [to the Beis Hamedrash]. | בימיו מלבא: |

Have you understood???

| | |
|---|---|
| 1 | What did they do **"THAT DAY"**? |
| 2 | Why was it done? |
| 3 | What happened to רַבָּן גַּמְלִיאֵל ? |
| 4 | How did they comfort רַבָּן גַּמְלִיאֵל? |

| | | | |
|---|---|---|---|
| 1 | אוֹתוֹ | 2 | שׁוֹמֵר |
| 3 | פֶּתַח | 4 | רְשׁוּת |
| 5 | מַכְרִיז | 6 | יוֹמָא |
| 7 | כַּמָּה | 8 | פְּלִיגֵי |
| 9 | חַד | 10 | דִּלְמָא |
| 11 | ראה | 12 | דואג |

| | | | |
|---|---|---|---|
| 1 | אַף עַל גַּב | 2 | הֵיכָא |
| 3 | הֲדַר | 4 | אִילֵימָא |
| 5 | לְעוֹלָם | 6 | יָכוֹל |
| 7 | מַר | 8 | טָעָה |
| 9 | מִפְּנֵי | 10 | שָׁנוּ |
| 11 | מקלת | 12 | טירחת |

Words are from Shiur מ - מב and can either be Across or Down. הצלחה

| ACROSS | | | DOWN |
|---|---|---|---|
| 1 | Bring | 2 | Better |
| 3 | Holds | 4 | With |
| 5 | Individual | 6 | Between them |
| 7 | Came | 8 | Sitting |
| 9 | In front | 10 | Where |
| 11 | If you say | 12 | Congregation |

Now its up to you To Revise and make sure you KNOW IT in the גמרא

~שיעור מג~

| | | |
|---|---|---|
| 27a | כַּמָּה יִשְׁהֶה | How much should one ______ |
| 27b | בֵּין תְּפִלָּה לִתְפִלָּה | ______ each Amidah (if he has to Daven twice)? |

| | | |
|---|---|---|
| 28a | רַב הוּנָא וְרַב חִסְדָּא | רַב הוּנָא and רַב חִסְדָּא , |
| 28b | חַד אָמַר כְּדֵי | one of them says: ______ |

| | | |
|---|---|---|
| 29a | שֶׁתִּתְחוֹנֵן דַּעְתּוֹ עָלָיו | that he has a Davening [frame of] on him (שֶׁתִּתְחוֹנֵן), |
| 29b | וְחַד אָמַר כְּדֵי | and one says |
| 29c | שֶׁתִּתְחוֹלֵל דַּעְתּוֹ עָלָיו | that he has a Davening [frame of] on him (שֶׁתִּתְחוֹלֵל) *(they say the <u>same thing</u>, but use a different word to describe 'Davening').* |

| | | |
|---|---|---|
| 30a | מַאן דְּאָמַר כְּדֵי | The that says in order |
| 30b | שֶׁתִּתְחוֹנֵן דַּעְתּוֹ עָלָיו | that he has a Davening [frame of] on him (שֶׁתִּתְחוֹנֵן – learns it from here:) |
| 31a | דִּכְתִיב וָאֶתְחַנַּן אֶל ה' | As it is written: **And I Davened to ה'**. |
| 31b | וּמַאן דְּאָמַר כְּדֵי | and the that says in order |
| 31c | שֶׁתִּתְחוֹלֵל דַּעְתּוֹ עָלָיו | that he has a Davening [frame of] on him (שֶׁתִּתְחוֹלֵל – learns it from here:) |
| 31d | דִּכְתִיב וַיְחַל מֹשֶׁה | As it is written: **And מֹשֶׁה Davened.** |
| 32a | אָמַר רַב עָנָן אָמַר רַב טָעָה | רַב עָנָן said in the name of רַב: If he made a |
| 32b | וְלֹא הִזְכִּיר שֶׁל רֹאשׁ חֹדֶשׁ עַרְבִית | and did not Rosh Chodesh (יַעֲלֶה וְיָבֹא) in מַעֲרִיב, |
| 32c | אֵין מַחֲזִירִין אוֹתוֹ | we do not him (to the beginning of the Amidah), |
| 33a | לְפִי שֶׁאֵין בֵּית דִּין | because the Beis Din do not |
| 33b | מְקַדְּשִׁין | מְקַדֵּשׁ (make 'holy') |
| 33c | אֶת הַחֹדֶשׁ אֶלָּא בַּיּוֹם | the [new] month (by declaring it רֹאשׁ חֹדֶשׁ) except during the day (and **not** at night). |

| | | |
|---|---|---|
| 33d | אָמַר אֲמֵימַר מִסְתַּבְּרָא | אֲמֵימַר said: It is that |
| 33e | מִילְּתָא דְּרַב | the that רַב said |

| | | |
|---|---|---|
| 34a | בְּחֹדֶשׁ מָלֵא | [only applies] on a month (when it is 30 days, so he can say יַעֲלֶה וְיָבֹא on the 2nd night of רֹאשׁ חֹדֶשׁ ), |
| 34b | אֲבָל בְּחֹדֶשׁ חָסֵר | but on a month (29 days) |
| 34c | מַחֲזִירִין אוֹתוֹ | we him (to the beginning, because the following night is not רֹאשׁ חֹדֶשׁ ). |

| | | |
|---|---|---|
| 34d | אָמַר לֵיהּ רַב אַשִׁי לְאַמֵימַר | רַב אַשִׁי said to אַמֵימַר : |
| 34e | מִכְּדִי רַב טַעֲמָא קָאָמַר | רַב is saying the reason (why he does not repeat **"because they were only מְקַדֵּשׁ during the day"**), |
| 35a | מַה לִי חָסֵר וּמַה לִי מָלֵא | [then] what difference [is it] to me whether it is a or full [month]! |
| 35b | אֶלָּא לֹא שְׁנָא: | **Rather, there is no [between a lacking or full month].** |

| | |
|---|---|
| הַדְרָן עֲלָךְ תְּפִלַּת הַשַּׁחַר | **We will to you תְּפִלַּת הַשַּׁחַר .** |

רש"י

*Please cover up the left hand columns and practice the reading and translating of רש"י*

| | | | |
|---|---|---|---|
| 1 | כַּמָּה יִשְׁהֶה | **How much should one** | כמה ישהה |
| 2 | בֵּין תְּפִלָּה לִתְפִלָּה . | **each Amidah?** | בין תפלה לתפלה. |
| 3 | מִי שֶׁיֵּשׁ עָלָיו | that it is upon him | מי שיש עליו |
| 4 | לַחֲזוֹר וּלְהִתְפַּלֵּל | to go and Daven, | לחזור ולהתפלל |
| 5 | אוֹ מִשּׁוּם דְּטָעָה | either because he made a , | או משום דטעה |
| 6 | אוֹ מִשּׁוּם מוּסָפִין | of because of מוּסָף , | או משום מוספין |
| 7 | כַּמָּה יִשְׁהֶה | how much should he | כמה ישהה |
| 8 | בֵּין זוֹ לְזוֹ: | this and that one. | בין זו לזו: |

Have you understood???

1 How long should one wait between Davening one Amidah and another one?

______________________________________________

2 According to רַב if one forgot to say יַעֲלֶה וְיָבֹא during מַעֲרִיב, what is the Halocho?

______________________________________________

3 Why according to אֲמֵימַר, does this Halocho only apply on a 'full' month?

______________________________________________

4 Give two examples of when someone might Daven one Amidah straight after another one?

______________________________________________

______________________________________________

| | | | | | |
|---|---|---|---|---|---|
| 1 | בֵּין | | 2 | כְּדֵי | |
| 3 | מַאן | | 4 | טָעָה | |
| 5 | לְפִי | | 6 | מִסְתַּבְּרָא | |
| 7 | מִילְּתָא | | 8 | מָלֵא | |
| 9 | חָסֵר | | 10 | מִכְּדִי | |

Now its up to you — To Revise and make sure you KNOW IT in the גמרא

- - - - - - - - - - - - - - - - - - - - - - - - - - - - - - - - - - - - - - - -

# Vocabulary Tests (mixed order)

## ~שיעור א~

| | | | | | |
|---|---|---|---|---|---|
| 1 | חֲצוֹת | | 2 | וּרְמִינְהוּ | |
| 3 | טָעָה | | 4 | כּוּלֵּי עָלְמָא | |
| 5 | נֵץ | | 6 | עַד | |
| 7 | עִם | | 8 | קֶבַע | |
| 9 | עֶרֶב | | 10 | שְׂכַר | |
| 11 | סחר | | 12 | תו | |

## ~שיעור ב~

| | | | | | |
|---|---|---|---|---|---|
| 1 | דִּילְמָא | | 2 | אָזִיל | |
| 3 | דַּיְקָא | | 4 | הָכָא | |
| 5 | טָעָה | | 6 | מַהוּ | |
| 7 | מֵיתִיבֵי | | 8 | עִמָּהֶם | |
| 9 | מִשּׁוּם | | 10 | שְׁמַע מִינָּה | |
| 11 | קבוע | | 12 | כגון | |

## ~שיעור ג~

| | | | | | |
|---|---|---|---|---|---|
| 1 | אִיתְּמַר | | 2 | וּרְמִינְהוּ | |
| 3 | טָעָה | | 4 | חול | |
| 5 | כְּמַאן | | 6 | יָכוֹל | |
| 7 | לְמֵימְרָא | | 8 | כְּוָותֵיהּ | |
| 9 | מִפְּנֵי | | 10 | כֵּיוָן | |
| 11 | פעם | | 12 | עכשיו | |
| 13 | לפיכך | | 14 | בשביל | |

Page 151 **Vocabulary Tests**

~שיעור ד~

| | | | | | |
|---|---|---|---|---|---|
| 1 | הָעָם | | 2 | וַיֵּצֵא | |
| 3 | כְּוָותֵיה | | 4 | חֲצוֹת | |
| 5 | עָמַד | | 6 | מָקוֹם | |
| 7 | קָרֵב | | 8 | קָבַע | |
| 9 | תִּקֵּן | | 10 | שָׂדֶה | |

~שיעור ה~

| | | | | | |
|---|---|---|---|---|---|
| 1 | אִיבַּעְיָא לְהוּ | | 2 | אַחֲרוֹנָה | |
| 3 | וְאֵיזוֹ | | 4 | אֶלָּא | |
| 5 | חָסֵר | | 6 | וּלְמַעְלָה | |
| 7 | מַאן | | 8 | נֵימָא | |
| 9 | שֶׁהֲרֵי | | 10 | שָׁעוֹת | |
| 11 | זמן | | 12 | מחלה | |
| 13 | התם | | 14 | מפרש | |

~שיעור ו~

| | | | | | |
|---|---|---|---|---|---|
| 1 | אַחַר כָּךְ | | 2 | אִיכָּא | |
| 3 | אִיבַּעְיָא לְהוּ | | 4 | דִילְמָא | |
| 5 | אֵימָא | | 6 | הֵיכִי | |
| 7 | בַּהֲדֵי הֲדָדֵי | | 8 | סֵיפָא | |
| 9 | בִּשְׁלָמָא | | 10 | תְּדִירָה | |
| 11 | דחה | | 12 | ולמעלה | |

## ~שיעור ז~

| | | | | | |
|---|---|---|---|---|---|
| 1 | אֵימַת | | 2 | הַאי | |
| 3 | בֵּין | | 4 | חָסֵר | |
| 5 | הוֹאִיל | | 6 | כְּוָותֵיהּ | |
| 7 | הֵעִיד | | 8 | מַאי | |
| 9 | רֵישָׁא | | 10 | עַל גַּבֵּי | |
| 11 | ותו | | 12 | חמלה | |

## ~שיעור ח~

| | | | | | |
|---|---|---|---|---|---|
| 1 | חַם | | 2 | חֲצוֹת | |
| 3 | יַתִּירָא | | 4 | לְהַקְדִּים | |
| 5 | מַאן | | 6 | מְקַיֵּים | |
| 7 | מַנִּי | | 8 | צוֹנֵן | |
| 9 | מַשְׁמַע | | 10 | שָׁעָה | |
| 11 | ותו | | 12 | חמלה | |

## ~שיעור ט~

| | | | | | |
|---|---|---|---|---|---|
| 1 | אִתְּמַר | | 2 | אַדְּרַבָּה | |
| 3 | הַשְׁתָּא | | 4 | הוֹאִיל | |
| 5 | הָתָם | | 6 | הָכָא | |
| 7 | כְּוָותֵיהּ | | 8 | כְּנֶגֶד | |
| 9 | תְּלָת | | 10 | סַיֵּים | |
| 11 | כלומר | | 12 | לעבור | |

# Lesson Plans

Lesson Plan sheets maybe photocopied for your convenience.

- The assumption for the following lessons plans assume each Gemara lesson is between 1 to 1½ hours long 6 days a week. Obviously not all the lesson will be taken up by Gemara. One might want to begin or end with a story, class discussion, hashkofo and so on.
- There are 149 Gemara pages to cover (excluding test sheets) over approximately 35 school weeks.
- Therefore approximately 5 pages per week, or about 20 pages per month will need to be covered to finish the Perek.
- Time will also be needed for tests and farhers.
- It is therefore suggested that one aim to cover on average 5 pages per week to comfortably finish the Perek by the end of the year. Remember some sugyas are more complictated than others, and one may not be able to cover 5 pages that week.

| | |
|---|---|
| WEEK 1<br>**Sunday** | 1. Small introduction to the Gemara of Brochos.<br>2. What Tefillas Hashachar deals with.<br>3. Verbal introduction to the first Mishna.<br>4. Explain how this Sefer works, so if the Gemara is asking a question it is written in red, answers in green, a statement in black. A Baraisa or Mishna that is being quoted is usually shaded in a color. A Posuk is quoted in a different color and font.<br>5. *(Depending on the class you have 2 options).* Option 1 *(typically for a well controlled class that can concentrate well)* – Either go through the Mishna in the actual Gemara, or by displaying the Gemara on a big screen *(On hebrewbooks.org you can download the Tzura Hadaf, and use it on a large screen. Press the Shas tab to find it)*. Now start completing the worksheet as explained in the next point.<br>6. Option 2 *(typically for a class that is more behaviour / academic challenging and has difficulty focusing, or for the first day back to school after a yom tov when Talmidim are a bit out of focus and the class need settling)* – Start straight away with the translation of the Mishna. *(Writing settles the Talmidim very quickly)*. Translations should be written on a white board with the line numbering next to it. *e.g.* ***1a)*** *Witnesses,* ***1b)*** *Testify.*<br>7. *(2 options, and worth alternating between the two on different occasions).* Either ask each person in the class to read and translate one line at a time. Or, one Talmid can read a few lines and then randomly select the next Talmid to read the next few lines.<br>8. Chavrusa learning for about 10 to 15 minutes – Talmidim should learn with their Chavrusa *(experience has shown that its usually better for the Talmidim to arrange their own Chavrusa).* Tell the Talmidim to revise pages 1 - 3 with their Chavrusa several times in the sheets. They should read one line each and then alternate the second time round. Any gifted Talmid can do chazora straight from a regular Gemara. *(It is worth grading the Talmidim on an Excel Document how well they are learning with their Chavrusa e.g. Grade 5 for learning with 'no interruption or chatting', all the way down to Grade 1 for 'very little learnt, and time wasted'. An average score should be produced from all the Chavrusa sessions, and this average shown to parents when you meet* |

| | |
|---|---|
| | *them. The Talmdim should be notified of this in advance. An incentive program should be used, so for example, you could say that any Talmid that achieves a Grade 4 gets one raffle ticket, and two tickets for Grade 5).*<br>9. After the Chavrusa learning you may want to fire some questions and key translations at the Talmidim<br>10. Move on to the questions on page 3 *(ask different Talmidim to read out the questions. Rewards could be given for 3 or 4 correct answers).*<br>11. Final summary of the day's lesson |
| **Monday** | 1. Start by asking some key questions<br>2. Ask the boys to be reading the Gemara as in point 6 on Sunday *(you could also download a random generator to choose boys to read).*<br>3. Ask the pupils to complete the vocabulary section on page 3. Talmidim ARE allowed to look back for the answer. *(To make it exciting you can ask each boy to write his name on the board once he has finisished. Then you can offer rewards, e.g. for the first 4 Talmidim to write their name they get 3 raffle tickets each, and the next 4 get 2 raffle tickets etc. However, the winner should be decided first by accuracy and then by speed. Therefore if the 5th person to write his name on the board gets them all correct but the first 4 did not, then the 5th person to write his name would be considered 1st place and the 1st person who wrote his name would now be considered 2nd place. If your class is too big to have Talmidim running to the board, then delegate one student).*<br>4. Chavrusa learning should not be more than 10 minutes. This time the Talmidim should be told to only learn from an actual Gemara, and only use this Sefer if they are stuck on a translation. Remind them that the line numbers are the same for cross reference.<br>5. Vocabulary revision – Talmidim should revise the words on page 3 for a test on those words. Remind the Talmidim that the words will be in a different order. *(Do not allow them to open up to the test on page 150 and see the word order – you don't want them just memorizing a string of English words by rote.).*<br>6. Vocabulary test – Towards the end of the Sefer<br>7. Vocabulary marking *(ask Talmidim to swap their sefer with someone else to mark, or self mark).*<br>8. Introndaction to the Gemara<br>9. Complete the Gemara's questions and answer on page 3<br>10. Summary of the day's lesson |
| **Tuesday** | 1. Start teaching the Gemoro in a way similar to Sunday points 3-6<br>2. Chavrusa learning as on Sunday point 7<br>3. Verbal questions on the Gemara and translation<br>4. Summary of the day's lesson |
| **Wednesday** | 1. Start by asking some key questions<br>2. Ask the boys to be reading the Gemara as in point 6 on Sunday<br>3. Complete the Gemara's questions and answers on page 7.<br>4. Chavrusa learning as on point 4 on Monday<br>5. Summary of the day's lesson |
| **Thursday** | 1. Start by asking some key questions<br>2. Ask Talmidim to read from the actual Gemara<br>3. Complete the Vocabulary section as in point 3 on Monday<br>4. Chavrusa learning as in point 4 on Monday. Chazoro should be of the entire week's learning. |

| | |
|---|---|
| | 5. Summary of the Gemara, and focus on the Rashi that has been learnt that week |
| **Friday** | 1. Start by asking some key questions<br>2. Chavrusa learning of the week's learning.<br>3. Revison for Vocabulary test as in point 5 on Monday<br>4. Vocabulary test - at the end of the Sefer<br>5. Vocabulary marking<br>6. Game – Sweet lotto. Boys are randomly chosen *(either by a raffle ticket or by an online random generator)* to read a few words each of the Gemara *(see Sunday point 4 about using the Tzuras Hadaf on a big screen. The few words selected for the game can be highlighted with a computer mouse on a big screen)* |
| **Week 2** | 1. Similar to week 1, but give time towards the end of the week for Chazoro for the upcoming Sunday test. |
| **Week 3 Sunday** | 1. Test on the previous 2 weeks, focusing on Translation and Understanding |
| **Week 4** | 1. Give chazoro time for the upcoming Farher |
| **Week 5 Sunday** | 1. Farher over the last 4 weeks learning. *(Ideally the Farher should not be done by you but by the Menahel or swap with another Rebbe. Assess for Reading, Translation and Understanding (RTU), and Farher should be from an unmarked Gemara that only has the line numbers added).* |

# Answers

*(It is recommendend that Rebbeim remove these pages from the Talmidim's Sefer)*

Answer sheets maybe photocopied for your convenience

| Page | Answers *(Note: The translation of **Rashi** is highlighted in purple)* |
|---|---|
| 1 | הַשַּׁחַר Morning / חֲצוֹת Midday / שָׁעוֹת Hours / הַמִּנְחָה Afternoon / הָעֶרֶב Evening / עַד Until / הָעֶרֶב Evening<br>קֶבַע Fixed / שָׁעוֹת Hours / וּרְמִינְהוּ Contradiction / הָנֵץ הַחַמָּה Sunsrise / שֶׁיִּסְמוֹךְ Joins / גְּאוּלָּה Redemption<br>וְנִמְצָא Found |
| 2 | הַהִיא That / לְוָתִיקִין Devoted / גּוֹמְרִים Finish / הָנֵץ הַחַמָּה Sunrise / חֲצוֹת Midday / וְתוּ More / טָעָה Mistake<br>שְׁתַּיִם Twice / שְׁתַּיִם Twice / יוֹמָא Day / מְצַלֵּי Davening / חֲצוֹת Midday / יָהֲבֵי Given / שְׂכַר Reward |
| 3 | מִכָּאן וְאֵילָךְ From then on / שְׂכַר Reward / בִּזְמַנָּהּ Time / יָהֲבֵי Given<br>וְכוּלֵּי עָלְמָא Everyone / שְׁאָר Other / לְאַחֵר Delay / וְתוּ More |
| 4 | אִיבַּעְיָא לְהוּ Asked / טָעָה Mistake / מַהוּ What is / אִם תִּמְצָא לוֹמַר Want / טָעָה Mistake / שְׁתַּיִם Twice<br>מִשּׁוּם Because / דִּכְתִיב Written / בֹּקֶר Morning / הָכָא Here / בִּמְקוֹם In place / וְכֵיוָן Since / בָּטֵל Cancelled<br>דִּילְמָא Perhaps / כֵּיוָן Since |
| 5 | רַחֲמֵי Mercy / אֵימַת He wants / וְאָזִיל Continue / שְׁמַע Listen / טָעָה Mistake / שְׁתַּיִם Twice / דְּעָבַר Passed<br>בָּטֵל Cancelled / מֵיתִיבֵי Asked / לְתַקֵּן Fixed / וְחֶסְרוֹן Missing / לְהִמָּנוֹת Counted / לְתַקֵּן Fixed<br>שֶׁבִּטֵּל Abandons / תְּפִלָּה Davening / תְּפִלָּה Davening |
| 6 | וְחֶסְרוֹן Missing / שֶׁנִּמְנוּ Friends / לְדָבָר Matter / עִמָּהֶם With them / הָכָא Here / בְּמֵזִיד Purpose / דַּיְקָא Infer<br>דְּקָתָנֵי Learnt / טָעָה Mistake / שְׁמַע Learn<br>וְכֵיוָן Since / בָּטֵל Cancelled / מַקְרִיבוֹ Offer it / אַחֵר Different / קָבוּעַ Fixed / כְּגוֹן For example |
| 7 | תָּנוּ Learnt / טָעָה Mistake / הִתְפַּלֵּל Daven / מִתְפַּלֵּל Daven / טָעָה Mistake / חוֹל Weekday / בָּרִאשׁוֹנָה First |
| 8 | בַּשְּׁנִיָּה Second / בַּשְּׁנִיָּה Second / בָּרִאשׁוֹנָה First / עָלְתָה Counts / עָלְתָה Count / לְמֵימְרָא Is that to say<br>בְּקַמַּיְיתָא First / כְּמַאן It is like / וּמַהְדְּרִינַן Return / וּרְמִינְהוּ Contradiction / טָעָה Mistake / גְּבוּרוֹת Powers<br>וּשְׁאֵלָה Revives / הַשָּׁנִים Asking |
| 9 | מַחֲזִירִין Return / הַדַּעַת Wisdom / מַחֲזִירִין Return / שֶׁיָּכוֹל Able / הַכּוֹס Cup / קַשְׁיָא Question / אִיתְּמַר Learnt<br>תְּפִלּוֹת Davening / תִּקְּנוּם Fixed / תְּפִלּוֹת Davening / כְּנֶגֶד Corresponding / כְּוָותֵיהּ Similar / כְּוָותֵיהּ Similar<br>בָּרִאשׁוֹנָה First |
| 10 | פַּעַם Time / עַכְשָׁיו Now / לְפִיכָךְ Therefore / בָּהּ In it / בִּשְׁבִיל For / תַּשְׁלוּמֵי Making up / בָּהּ In it |
| 11 | **Wordsearch:**<br>Weekday חוֹל, (they) asked מֵיתִיבֵי, hours שָׁעוֹת, fixed קֶבַע, mistake טָעָה, perhaps דִּילְמָא, since כֵּיוָן,<br>similar כְּוָותֵיהּ, infer דַּיְקָא, with them עִמָּהֶם<br><br>כְּוָותֵיהּ Similar / תִּקֵּן Fixed / וַיַּשְׁכֵּם Arose early / הַמָּקוֹם Place / עָמַד Stood / עֲמִידָה Standing / וַיַּעֲמֹד Stood |
| 12 | תִּקֵּן Fixed / וַיֵּצֵא Went out / לָשׂוּחַ Speak / לִפְנוֹת Towards / שִׂיחָה Speaking / לְעָנִי Poor / יַעֲטֹף Faints<br>וְלִפְנֵי Before / יִשְׁפֹּךְ Pours / תִּקֵּן Fixed / וַיִּפְגַּע Came across / וַיָּלֶן Stayed / פְּגִיעָה He came across<br>הָעָם People / תִּשָּׂא Lift up / תִּפְגַּע Daven / כְּוָותֵיהּ Similar |
| 13 | מִפְּנֵי Because / חֲצוֹת Midday / שֶׁהֲרֵי Morning / קָרֵב Offered / שָׁעוֹת Hours / שַׁחַר Morning / קָרֵב Offered<br>וּמִפְּנֵי Because / עַד Until / בֵּין הָעַרְבַּיִם Afternoon / קָרֵב Offered / פְּלַג Half / בֵּין הָעַרְבַּיִם Afternoon<br>קָרֵב Offered / וּמִפְּנֵי Because |
| 14 | קֶבַע Fixed / אֵבָרִים Limbs / נִתְעַכְּלוּ Consumed / קְרֵבִים Offered / וּמִפְּנֵי Because / כָּל All |
| 15 | שֶׁהֲרֵי Because / קָרֵב Offered / שָׁעוֹת Hours / שֶׁהֲרֵי Because / קָרֵב Offered / גְּדוֹלָה Big / וּלְמַעְלָה Onwards<br>קְטַנָּה Small / וּלְמַעְלָה Onwards / אִיבַּעְיָא לְהוּ Asked / קַמָּא First |

## Page 168 Answers

| | |
|---|---|
| 16 | אַחֲרוֹנָה Last / שְׁמַע Hear / דְּתַנְיָא Learnt / אַחֲרוֹנָה Last / אַחַת עֶשְׂרֵה Eleven / חָסֵר Minus / נֵימָא Let us say<br>תְּיוּבְתֵּיהּ Refutation / לְךָ You / לְעוֹלָם Really / תִּקְנוּם Fixed / וְאַסְמְכִינְהוּ Supported / תֵּימָא Say |
| 17 | מַאן Who / אֶלָּא Rather / וְאַסְמְכִינְהוּ Supported<br>קְטַנָּה Small / תָּמִיד Time / הָעַרְבַּיִם Afternoon / וּלְמַעְלָה Onwards / כִּדְתְנַן Learnt / בִּשְׁמוֹנָה וּמֶחֱצָה 8½<br>וְקָרֵב Offered / מְפָרֵשׁ Explained |
| 18 | שָׁעוֹת Hours |
| 19 | אִיבַּעְיָא Asked / בִּכְלָל Including / דִּילְמָא Perhaps / בִּכְלָל *Including* / שְׁמַע Hear / בִּשְׁלָמָא Fine / בִּכְלָל Including<br>בֵּין Between / אָמְרַת You say / בִּכְלָל Including |
| 20 | הַיְינוּ Same / אֶלָּא Rather / בִּכְלָל Including / סֵיפָא End / כָּל Entire / שָׁעוֹת Hours / לְפָנָיו Before him<br>וְאַחַר כָּךְ Afterwards / תְּדִירָה Common / תְּדִירָה Common / וְאַחַר כָּךְ Afterwards / עוֹבֶרֶת Passess / עוֹבֶרֶת Pass<br>בִּשְׁלָמָא Fine / בִּכְלָל Including |
| 21 | דְּמַשְׁכַּחַת Find / בַּהֲדֵי Together / אָמְרַת You say / בִּכְלָל Including / הֵיכִי How / בַּהֲדֵי הֲדָדֵי Together<br>דְּאָתְיָא Comes / אָזְלָא Gone / אֶלָּא Rather / בִּכְלָל Including |
| 22 | הֲדָדֵי Together / הָאַחֲרוֹן Last / שָׁעָה Hour / לִשְׁתֵּיהֶן Both of them / דְּהָא Because / וּלְמַעְלָה Onwards |
| 23 | **Crossword:**<br>similar כְּוָותֵיהּ, midday חֲצוֹת, fixed תִּקֵּן, fixed קֶבַע, hours שָׁעוֹת, last אַחֲרוֹנָה, minus חָסֵר, Let us say נֵימָא, perhaps דִּילְמָא, fine בִּשְׁלָמָא, afterwards אַחַר כָּךְ, together בַּהֲדֵי הֲדָדֵי<br><br>רֵישָׁא First / בֵּין Between / סָבְרַת Think / דְּהַאי This / אַחֲרוֹנָה Last |
| 24 | רִאשׁוֹנָה First / וְהָכִי This / אֵימַת When / נָפִיק Go out / וְעָיֵיל Go in / נָפְקֵי Goes out / שָׁעוֹת Hours / חָסֵר Less<br>אֲנַן We / הֵעִיד Testified / דְּבָרִים Things / הַקְּטַנָּה Minor girl / וְשֶׁמַּשִּׂיאִין Marry / עֵד Witness / תַּרְנְגוֹל Chicken<br>שֶׁנִּסְקַל Stoned / שֶׁהָרַג Killing |
| 25 | אַרְבָּעִים 40 / שֶׁנִּתְנַסֵּךְ Poured / שַׁחַר Morning / שֶׁקָּרֵב Offered / שְׁמַע Hear / בִּכְלָל Including / שְׁמַע Hear<br>כְּ Like / הוֹאִיל Since / כְּוָותֵיהּ Like him<br>שָׁעוֹת Hour / וְתוּ Furthermore / אַלְמָא So we see / סְבִירָא Holds / שָׁעוֹת Hour / אַלְמָא So we see / בִּכְלָל<br>Including |
| 26 | תָּמִיד Morning / שֶׁקָּרֵב Offered / מַאן Who / וְחַם Hot |
| 27 | שָׁעוֹת Hours / שָׁעוֹת Hours / שָׁעוֹת Hours / כְּחֹם Heat / אָמוּר Said / מְקַיְּים Fulfill / וְחַם Sun / שָׁעוֹת Hours<br>מַנִּי Who / עַד Until / צַפְרָא Morning / חֲצוֹת Midday / צַפְרָא Morning |
| 28 | אִי בָּעִית If you want / אִי בָּעִית If you want / אִי בָּעִית If you want / קְרָא Posuk / חַלְקֵהוּ Divide it<br>וְאִי בָּעִית And if you want / יַתֵּירָא Extra / לְהַקְדִּים Forward / שָׁעָה Hour / דְּכוּלָּא עָלְמָא Everyone / וְחַם Hot<br>שָׁעוֹת Hours / מַשְׁמַע Understood / קְרָא Posuk / הַשֶּׁמֶשׁ Sun / שָׁעָה Time / שֶׁהַשֶּׁמֶשׁ Sun / וְהַצֵּל Shade |
| 29 | אוֹמֵר Say<br>בְּקָרִים Mornings / לוֹקְטִים Gather / רִאשׁוֹנוֹת First / רִאשׁוֹן First |
| 30 | הַמִּנְחָה Afternoon / הָעֶרֶב Evening / הָתָם There / כְּ Like / הוֹאִיל Since / כְּוָותֵיהּ Like him / מַאי What is<br>אִישְׁתִּיק Quiet / מִידֵי Anything / נֶחֱזֵי אֲנַן Let us see / מְצַלֵּי Davened |
| 31 | מִבְּעוֹד Whilst / שְׁמַע Learn / כְּ Like / אַדְּרַבָּה Contrary / אוּרְתָא Night / שְׁמַע Learn / הַשְׁתָּא Now<br>אִתְּמַר Stated / כְּמַר Master / כְּמַר Master / כְּמַר Master / כְּמַר Master / אִיקְלַע Went / וְצַלֵּי Davened<br>מְצַלֵּי Davening / לַאֲחוֹרֵיהּ Behind / וְסַיֵּים Finished / פַּסְקֵיהּ Interrupt |
| 32 | תְּלָת Three / שְׁמַע Learn / מִתְפַּלֵּל Daven / וּשְׁמַע Learn / מִתְפַּלֵּל Daven / אֲחוֹרֵי Behind / וּשְׁמַע Learn<br>לַעֲבוֹר Pass / כְּנֶגֶד In front of<br>פַּסְקֵיהּ Interrupt / כְּלוֹמַר That is to say / הִפְסִיק Interrupt / וְלַכּוֹתֶל Wall / לַעֲבוֹר Pass / וְלֵישֵׁב To sit<br>עָמַד Stood |
| 33 | **Complete the Sentences:**<br>רַב יִצְחָק, 4th, Mishnayos, מַסֶּכֶת עֵדִיּוֹת, רַבִּי יְהוּדָה, רַבָּנָן, רַב, רַבִּי יְהוּדָה, רַב הוּנָא, רַבָּנָן, רַבִּי יְהוּדָה, רַבָּנָן,<br>גְּנִיבָא, Three, Light, Rebbe, Forbidden |

| | |
|---|---|
| 34 | מְסַיֵּיע Supports / לַעֲבוֹר Pass / כְּנֶגֶד Front / אֵינִי Not so / חָלְפֵי Pass / חוּץ Outside / הֵיכִי How / וְהָא But<br>לְעוֹלָם Never |
| 35 | כְּנֶגֶד Next / אֲחוֹרֵי Behind / וְתַנְיָא Baraisa / אֲחוֹרֵי Behind / וְהַנּוֹתֵן Gives / וְהַמַּחֲזִיר Returns / וְהַחוֹלֵק Argues<br>דָּבָר Something / שְׁמַע Hear / מִפִּי Mouth / גּוֹרֵם Causes / שֶׁתִּסְתַּלֵּק Depart / שֶׁאֲנִי Different / חָבֵר Friend<br>וְהַיְינוּ And that is / בָּדְלַת Separate / בָּדֵילְנָא Separated / בָּדֵיל Separate |
| 36 | כִּשְׁאָר Other / עָלֶיךָ Upon you / עָלֶיךָ Upon you<br>בָּדֵיל Separate / וְהָ But didn't / פַּעַם אַחַת Once |
| 37 | וְנִכְנַס Entered / וְשָׁנָה Taught / וַעֲדַיִין As yet / דְּנִכְנַס Entered / גְּזֵירָה Decree / אֵינִי Not So / וְהָא But<br>שָׁרָא Allowed / סַלֵּי Baskets / טָעוּתָא Mistake / וְטָעוּתָא Mistake / וְהָא But / פַּעַם אַחַת Once / שָׁמַיִם Sky<br>בְּעָבִים Clouds / כִּסְבוּרִים Thought / חֲשֵׁכָה Night / וְנִכְנְסוּ Entered / הֶעָבִים Clouds |
| 38 | הַחַמָּה Sun / וְשָׁאֲלוּ Asked / הוֹאִיל Since / שֶׁאֲנִי Different / מַטְרְחִינַן Bother<br>טָעוּתָא Mistake / קִבֵּל Accept / תּוֹסֶפֶת Extra / מִדַּעַת Intentionally / אֶלָּא Rather / הַמְעוּנָּן Cloudy<br>וּכְסָבוּר Thought / חֲשֵׁכָה Night / וְאַחַר כָּךְ Afterwards / חַמָּה Sun |
| 39 | |
| 40 | צַלֵּי Davened / מְצַלֵּי Davened / צַלֵּי Davened / הַכּוֹס Cup / אֵינוֹ Not / הַכּוֹס Cup / שְׁמַע Hear / מִתְפַּלֵּל Daven<br>/ הַכּוֹס Cup / כְּוָותֵיהּ Like Him / מְצַלֵּי Davened / הַכּוֹס Cup |
| 41 | הַכּוֹס Cup / שְׁמַע Hear / מִתְפַּלֵּל Daven / הַכּוֹס Cup / עַמּוּד Pillar / הִתְפַּלֵּל Davened / אָתָא Came / בְּצַד Side<br>עַמּוּד Pillar / אֶלָּא Rather |
| 42 | **Wordsearch:**<br>supports מְסַיֵּיע, outside חוּץ, behind אֲחוֹרֵי, causes גּוֹרֵם, as yet עֲדַיִין, before קוֹדֵם, since הוֹאִיל,<br>different שֶׁאֲנִי, cup כּוֹס, came אָתָא |
| 43 | הָעֶרֶב Evening / קֶבַע Fixed / קֶבַע Fixed / אִילֵימָא If you say / בָּעֵי דָּאִי If he wants / כּוּלֵּיהּ Entire / לִיתְנֵי Let it<br>learn / הָעֶרֶב Evening / אֶלָּא Rather / קֶבַע Fixed / כְּמַאן Like the one / רְשׁוּת Optional / תְּפִלַּת Davening<br>חוֹבָה Obligation / רְשׁוּת Optional / רְשׁוּת Optional |
| 44 | תָּנוּ Learnt / מַעֲשֶׂה Story / לִפְנֵי Before / רְשׁוּת Optional / רְשׁוּת Optional / לִפְנֵי Before / רְשׁוּת Optional<br>וַהֲלֹא But / רְשׁוּת Optional / הַמְתֵּן Wait / שֶׁיִּכָּנְסוּ Enter / כְּשֶׁנִּכְנְסוּ Entered / הַשּׁוֹאֵל Questioner<br>רְשׁוּת Optional |
| 45 | שֶׁחוֹלֵק Argues / מִשִּׁמְךָ Your name / רְשׁוּת Optional / עֲמוֹד Stand / וְיָעִידוּ Testify / רַגְלָיו His feet / חַי Alive<br>יָכוֹל Able / לְהַכְחִישׁ Contradict / וְעַכְשָׁיו Now / הֵיאַךְ How / לְהַכְחִישׁ Contradict<br>הֵיאַךְ How / לְהַכְחִישׁ Contradict / עַל כָּרְחִי My will / לְהוֹדוֹת Admit / רְשׁוּת Optional |
| 46 | יוֹשֵׁב Sitting / עוֹמֵד Standing / רַגְלָיו Feet / הָעָם People / הַתּוּרְגְּמָן Translator |
| 47 | עֲמוֹד Stop / נִצְטַעֵרָה Pain / צַעֲרֵיהּ Pain / בְּמַעֲשֶׂה Story / נַמִּי Also / תָּא Come / מַאן Whom / נוֹקְמֵיהּ Appoint<br>מַעֲשֶׂה Story / נוֹקְמֵיהּ Appoint / דִּילְמָא Perhaps / זְכוּת Merit / אֶלָּא Rather / חָכָם Wise / עָשִׁיר Wealthy<br>עֲשִׂירִי 10th / חָכָם Wise / מַקְשֵׁי Ask |
| 48 | מְפָרֵק Answer / עָשִׁיר Wealthy / לִפְלוּחֵי Work / אָזַל Go / עֲשִׂירִי 10th / זְכוּת Merit / עָנֵישׁ Punish / אָתוּ Came<br>נִיחָא Acceptable / רֵישׁ Head / אֵיזִיל I will go / בְּאִינָשֵׁי People / אָזַל Went / דִּלְמָא Perhaps / לִשְׁתַּמֵּשׁ Use<br>חֲדָא One / בְּכַסָּא Cup / וּלְמָחָר Tomorrow / חִיוָּרְתָּא White |
| 49 | יוֹמָא Day / תַּמְנֵי סָרֵי 18 / נִיסָּא Miracle / וְאַהְדְּרוּ Turned / חִיוָּרְתָּא White / הַיְינוּ That is / שִׁבְעִים 70 / שִׁבְעִים 70<br>הַתּוּרְגְּמָן Translator / לִפְנֵי Before / וּמַשְׁמִיעַ Heard / מִפִּי Mouth |
| 50 | **Complete the Sentences:**<br>רַבִּי עֲקִיבָא , רַבִּי יְהוֹשֻׁעַ , Wise , Wealthy , 10th , Wife , Remove , White hairs , Miracle<br>אוֹתוֹ That / סִלְּקוּהוּ Removed / הַפֶּתַח Entrance / רְשׁוּת Permission / לִיכָּנֵס Enter / מַכְרִיז Announced<br>כָּל Any |
| 51 | תּוֹכוֹ Inside / כְּבָרוֹ Outside / יִכָּנֵס Enter / הַהוּא That / אִתּוֹסְפוּ Added / סַפְסְלֵי Benches / פְּלִיגֵי Argued<br>אִתּוֹסְפוּ Added / סַפְסְלֵי Benches / סַפְסְלֵי Benches / חַלְשָׁא Mind / דִּלְמָא Perhaps / מָנַעְתִּי Prevented<br>בְּחֶלְמֵיהּ Dream / חִיוָּרֵי White / דְּמַלְיָין Filled / דַּעְתֵּיהּ Mind / דְּאַחְזוּ Showed |

## Page 175 Answers

| | |
|---|---|
| 139 | סָבַר Holds / מִשּׁוּם Name / שַׁפִּיר Good / מִיָּמַי My days / מְצַלֵּינָא Daven / לְבַר Except / דַּאֲתָא Came<br>לְמָתָא Town / וְאִטְרְדוּ Disturbed / וַהֲוָאִי I was / יָתִיב Sitting / קַמֵּיהּ In front |
| 140 | וְיָתִיב Sitting / מִשּׁוּם Name / פּוּק Go out / לְבָרָא Outside / רָאִיתִי Seen / צַלֵּי Afterwards / וְדִילְמָא Perhaps<br>דַּעְתֵּיהּ Mind / כַּוֵּון Mind / חֲזִי See / רַבָּה Great |
| 141 | דְּקָמַסְהִיד Testified<br>וַהֲדַר Afterwards / וְלָמָּה Why / אֶלָּא Rather / שְׁמַע Learn |
| 142 | אַף עַל גַּב Even though / בֵּי כְּנִישְׁתָּא Shuls / מְצַלּוּ Daven / עַמּוּדֵי Pillars / הֵיכָא Where |
| 143 | אִיתְּמַר Learnt / מִשּׁוּם Name / וַהֲדַר Afterwards / הָכִי This / אִילֵימָא If you say / כַּוֵּון Mind / יָמוֹד Measure<br>יָכוֹל Able / אַדְכַּר Mention / וְהָתַנְיָא Baraisa / טָעָה Mistake |
| 144 | מַחֲזִירִין Return / שֶׁיָּכוֹל Able / מַחֲזִירִין Return / שֶׁיָּכוֹל Able / מַחֲזִירִין Return / שֶׁיָּכוֹל Able / אִיתְּמַר Said<br>שָׁנוּ Learnt<br>שָׁנוּ Learnt / מַחֲזִירִין Return / מִשּׁוּם Because / מִקְצָת Little / לַחֲזוֹר Return |
| 145 | מְפָרֵשׁ Explains / טִירְחָא Bother / הָדַר Returns |
| 146 | **Crossword:**<br>Bring מְבִיאִין, Better עֲדִיף, Holds סָבַר, With בַּהֲדֵי, Individual יָחִיד, Between them בֵּינַיְיהוּ, Came אָתָא,<br>Sitting יָתִיב, In front קַמֵּיהּ, Where הֵיכָא, If you say אִילֵימָא, Congregation צִבּוּר<br><br>יִשְׁהֶה Wait / בֵּין Between / כְּדֵי In order |
| 147 | דַּעְתּוֹ Mind / דַּעְתּוֹ Mind / מַאן One / דַּעְתּוֹ Mind / וּמַאן One / דַּעְתּוֹ Mind / טָעָה Mistake / הִזְכִּיר Mention<br>מַחֲזִירִין Return / מִסְתַּבְּרָא Logical / מִילְּתָא Thing |
| 148 | מָלֵא Full / חָסֵר Lacking / מַחֲזִירִין Return / מִכְּדִי Since / חָסֵר Lacking / שְׁנָא Difference / הַדְרָן Return<br>יִשְׁהֶה Wait / בֵּין Between / מִי Someone / לַחֲזוֹר Back / דְּטָעָה Mistake / יִשְׁהֶה Wait / בֵּין Between |

Made in the USA
Columbia, SC
29 April 2025

57279040R00043